República y desarrollo

La Alternativa

Por Daniel Gustavo Montamat

Pluma digital
EDICIONES

Montamat, Daniel Gustavo
República y desarrollo : la alternativa . - 1a ed. -
Ciudad Autónoma de Buenos Aires : Pluma Digital Ediciones, 2015.
170 p. ; 23x16 cm.

ISBN 978-987-3645-17-4

1. Política Argentina.
CDD 320.82

Coordinación editorial: Osvaldo Pacheco
opacheco@plumadigitaledicion.com.ar

Diseño de tapa e interior: Editopía Diseño
www.editopia.com.ar

Fecha de catalogación: 18/06/2015

9 789873 645174

A la memoria de mis padres, Luis Montamat y Yolanda Roganti, mis primeros y mejores maestros.

Índice

Acerca del autor

Daniel Gustavo Montamat

Economista, contador público y abogado; es Doctor en Ciencias Económicas de la Universidad Católica de Córdoba, y Doctor en Derecho y Ciencias Sociales de la Universidad Nacional de Córdoba. Realizó también estudios de post-grado en el exterior, y obtuvo la maestría en Economía de la Universidad de Michigan, en Estados Unidos.

Egresado medalla de oro, tiene el premio Universidad y el premio al mejor promedio del Consejo Profesional de Ciencias Económicas de Córdoba.

Fue Director de Gas del Estado (1985-86); Director y Presidente de YPF S.E (87-89), y Secretario de Energía de la Nación (1999-2000). Es consultor del Banco Mundial y del Banco Interamericano de Desarrollo. Consultor de investigación invitado de foros energéticos internacionales.

Académico del Observatorio Argentino de Comunicación Social Profesor de Postgrado del CEARE (Centro de Estudios de la Regulación Energética) de la Universidad de Buenos Aires.

Columnista de los diarios La Nación, Clarín y El Cronista.

En 1991 fundó el estudio Montamat & Asociados, con sede en la ciudad de Buenos Aires, que hoy preside

Agradecimientos

La motivación para reunir un conjunto de reflexiones en este trabajo la produjo una frase hecha que se repite muy a menudo: "en la Argentina de hoy a nadie se le cae una idea nueva". Esta frase la propagan muchos comunicadores oficiales para persuadir a la sociedad que las ideas del pensamiento oficial no tienen reemplazo, y que cualquier idea que ose confrontarlas remite a frustraciones pasadas. Pero de esta misma frase también se hacen eco muchos comunicadores sociales independientes para explicar la hegemonía del partido oficial y la incapacidad de las otras fuerzas políticas para articular un relato alternativo.

Hay otras ideas, y de esto se trata el libro. Mis agradecimientos entonces van dirigidos a todos aquellos que me han permitido pensar, concebir, confrontar, mejorar y madurar estas ideas. Sólo voy a mencionar con nombre propio a los de mi círculo de intimidad: Alejandra, Gustavo y Giselle. Ellos sometieron a estas ideas al primer filtro de prueba y debate. Agradezco también a los integrantes de mi Estudio, a los que con frecuencia transformo en interlocutores obligados de algunas ideas expuestas en el libro. Ellos también han contribuido a iluminar mi reflexión.

Siempre me resisto a las generalizaciones. Coincido con muchos compatriotas en las objeciones y críticas a los liderazgos políticos que hoy tenemos; pero así como no es cierto que todos los políticos sean corruptos, tampoco es cierto que todos los convocados por la política sean mediocres y oportunistas. Mi agradecimiento a aquellos políticos que me han enseñado desde el ejemplo y la práctica que es posible combinar acción e ideas. Es imposible transformar la sociedad desde la política "con intelectuales que rehúyen la acción, y con políticos que desprecian las ideas". Ideas sin acción y acción sin ideas definen un conjunto vacío, estéril en logros y realizaciones concretas. Por eso también mi reconocimiento a algunos dirigentes del propio oficialismo que, rompiendo la relación binaria amigo-enemigo que se promueve desde el poder, se han prestado a debatir ideas haciendo abstracción del mensajero. La crítica desprejuiciada me ha ayudado a profundizar y a mejorar algunos conceptos.

Mi agradecimiento a varios colegas de la profesión y, en especial, a aquellos que conforman ese grupo abierto y plural que se presenta en sociedad como Fundación Norte-Sur. Les debo muchos aportes a la reflexión y al pensamiento crítico. También quiero agradecer los aportes de algunos académicos del Observatorio Argentino de Comunicación Social. Sus ideas provocan mis ideas.

Destaco en lo académico mi gratitud a los docentes, directivos y profesionales del CEARE (Centro de Estudios de la Regulación Energética), instituto de post-grado de la Universidad de Buenos Aires; y a los de la Escuela de post-grado de EPOCA Ciudad Argentina. Ambas instituciones me han contado como docente y siempre encontré en ellas la posibilidad de expresar mis ideas y de confrontarlas en un espacio plural y de mutuo respeto entre argentinos y extranjeros.

Una mención especial para el CARI (Consejo Argentino de Relaciones Internacionales), un *think tank* del país respetado en las Américas (la del Norte y la del Sur) y en el mundo entero. Usina de pensamientos y de consensos a partir de una plataforma de amplia convocatoria nacional e internacional. El CARI me ha brindado la oportunidad de escuchar y departir con algunas de las personalidades más sobresalientes del mundo de las ideas y de la acción política. En el CARI también pude confrontar y debatir estas ideas.

Hay dos foros que me dieron ejemplos concretos de diálogo y de consensos: el CALIR y el Grupo de Ex Secretarios de Energía. Un amigo me presentó al CALIR (Consejo Argentino para la Libertad Religiosa) y allí pude conocer a personas de los distintos credos con representatividad en la Argentina dialogando y estableciendo acuerdos de mutuo beneficio en torno al principio constitucional de la libertad de cultos. Ojalá muchas organizaciones de la sociedad civil siguieran su ejemplo de convivencia y tolerancia.

En el 2009 un grupo de 8 Ex Secretarios de Energía de la Nación de distintas administraciones de la democracia firmamos un documento de consensos sobre una política de Estado para el sector energético. No éramos amigos, y hasta había habido posiciones ríspidas en el pasado. La preocupación por los problemas que atravesaba el sector nos convocó al diálogo. No fue fácil, hubo algunos debates ásperos, pero terminó primando la necesidad de revalorizar el futuro y de alcanzar mínimos consensos. Mi gratitud al CALIR y a mis colegas del Grupo de Ex Secretarios. Me enseñaron que, a partir de las diferencias, el diálogo y la confrontación de ideas allanan el camino a los acuerdos de largo plazo.

No quiero olvidar finalmente a los amigos del Ateneo de la República y de la Fundación Centro de Estudios Americanos. Ellos leyeron el anticipo de algunas ideas aquí planteadas en notas periodísticas y me invitaron a someterlas a su juicio crítico. Del debate salí enriquecido.

PRIMERA PARTE

Las ideas

I

Introducción

La Argentina tiene pendiente el proyecto de desarrollo económico y social, y ha perdido importancia relativa en el concierto de las naciones. El presente, sujeto al relato oficial de cada día, domina las expectativas sociales, gobierna humores y políticas coyunturales. El pasado se acomoda a las necesidades del presente, y la historia argentina aparece invertebrada, con predominio de las fracturas sobre las continuidades. Reincidencias y nuevas frustraciones, ciclos de ilusión y desencanto… hasta el reencuentro con el eterno presente, populista y posmoderno. El "fin de la historia" argentina, en versión autóctona.

- ¿Será que sectores de nuestra dirigencia presumen que detrás del Estado de Derecho, la moneda estable, los activos intergeneracionales y los controles institucionales hay menos margen de maniobra para los atajos y el vértigo que ofrece la inmediatez?
- ¿Será que la revalorización del futuro nos obliga a fijar metas y a conciliar planes que privan del vértigo que ofrece el oportunismo transgresor del día a día?
- ¿O será también que la filosofía discepoliana ha calado demasiado hondo entre nosotros?

Las encuestas siempre son fotografías defectuosas de la realidad porque a su manera también congelan el presente. Las actuales, en general coinciden, que alrededor de un 25% de los argentinos adhiere al presente sin críticas (los especialistas identifican a este grupo como "kichnerismo duro"); otro 35% rescata en el presente cosas buenas y quiere cambiar algunas otras. Un 40% es crítica del presente, pero tampoco expresa coincidencias básicas sobre el futuro. Muchos críticos del presente son nostálgicos del pasado y escépticos del futuro. Una aritmética más sutil podría insinuarnos que los argentinos seguimos discutiendo presente y que todavía no hay una mayoría consolidada dispuesta a aceptar los retos de un proyecto futuro. Es peor, con casi 30% de pobres, con una de las inflaciones más altas del mundo, estancados, sin generación de empleos y con lacras que profundizan la injusticia social, muchos se aferran al presente porque intuyen que el futuro puede ser peor. Décadas de declinación relativa han arraigado en el inconsciente colectivo una mezcla de indiferencia, temor y negación a lo que puede venir. Le toca a la política poner en valor el futuro con un proyecto de desarrollo inclusivo que recupere la confianza de los argentinos.

El futuro está abierto y puede ser mucho mejor que este presente que nos tiene varados sin República y sin desarrollo.

- ¿Qué será de la Argentina en las próximas décadas?
- ¿Cuál será su rol en el concierto de las naciones?
- ¿Cuál es el proyecto argentino para el año 2030 o para el 2050?
- ¿Hay metas futuras que amalgamen consensos y canalicen la energía social?

Para revalorizar el futuro y fijar objetivos estratégicos, habrá que asumir sin engaño la declinación relativa que arrastramos durante décadas y sacudir la ideología que nos ha entrampado al corto plazo.

En *Ensayo sobre la ceguera*,[1] José Saramago escribe: "Sin futuro el presente no sirve para nada, es como si no existiera". Los argentinos

---

1   José SARAMAGO, *Ensayo sobre la Ceguera*, Buenos Aires, Alfaguara, 2000, p. 291.

parecemos resignados a surfear el presente; subyugados por el corto plazo, hemos renunciado a compartir en el imaginario colectivo lo que el historiador Nicolás Shumway denomina "ficciones orientadoras":[2] las metas colectivas compartidas que canalicen el sentimiento de argentinidad para el siglo XXI. En el siglo XIX, algunos de nuestros prohombres las plantearon en aquel contexto y sumaron consenso social. Progresistas y conservadores de aquellos años, a partir de los ideales de la modernidad, contribuyeron a delinear los grandes trazos de un proyecto nacional que convocó a hombres y a mujeres de todo el mundo a poblar estas tierras y a desarrollar su riqueza natural.

En *Dos Siglos de Economía Argentina*,[3] la Fundación Norte-Sur y un conjunto de profesionales de varias universidades argentinas reconstituyeron la serie histórica de los datos estadísticos económicos y sociales desde 1810 hasta el presente. Esa valiosa tarea hoy permite contar con una base de datos objetiva para evaluar y discutir las razones de nuestra declinación relativa en el siglo XX. Con fundamentos en esa serie larga, podemos observar que hasta 1930 nuestros indicadores económicos y sociales permitían la comparación de la Argentina con el desarrollo relativo del Canadá y de Australia. Hasta 1960, podíamos compararnos con la posición relativa de Italia; y hasta 1970, con España. Hoy estamos perdiendo posiciones relativas en Latinoamérica.

Esto es lo que dicen las tendencias de larga data, menos susceptibles a la manipulación de los intereses políticos de turno. Sin embargo, anclados en cíclicas bonanzas que relajan el presente, y con la inveterada inclinación a mirarnos el ombligo, los argentinos seguimos aferrados a eslóganes que traducen nostalgia, como "que somos el país más rico del mundo" o "que en ningún lugar se vive como en la Argentina". Sabemos que cada vez es menos cierto y lo constatamos

2   Nicolás SHUMWAY, *La invención de la Argentina*, Buenos Aires, Editorial EMECE, 1993.

3   FUNDACIÓN NORTE-SUR; Orlando J. FERRERES (director), *Dos siglos de economía argentina*, Edición bicentenario, Buenos Aires, Editorial El Ateneo, 2010.

a menudo cuando nos visitan extranjeros o visitamos países extranjeros. Hoy en día la conectividad de la Red nos permite ilustrarnos con información comparada al instante. Alberto J. Schuster, durante años Director Ejecutivo de KPMG en la Argentina y ex Presidente del Consejo Profesional de Ciencias Económicas, se ocupó de recopilar datos estadísticos comparados del mundo para demostrarnos a los argentinos que estamos mal posicionados respecto a muchos países en lo económico (producto, ingreso per cápita), en lo social (desigualdad, coeficiente de Gini, indicadores de pobreza) y en los indicadores que hoy evalúan la verdadera riqueza (productividad, competitividad, innovación, calidad institucional, calidad educativa). El análisis que ahora mantiene actualizado desde la Fundación Norte-Sur aporta ideas para acortar las asimetrías entre el nivel de vida de los habitantes de nuestro país y el de países más desarrollados.[4] Alieto Guadagni nos ilustra periódicamente en notas de prensa y en libros de referencia[5] sobre la decadencia relativa del nivel y de la calidad educativa argentina respecto a otros países de la región. Con datos estadísticos comparados, surge la pérdida de posiciones de los alumnos argentinos en los exámenes internacionales PISA (lectura, matemáticas, ciencias naturales) y el bajo rendimiento educativo relativo de nuestras universidades y escuelas en comparación con sus equivalentes de la región y del mundo (en especial con los casos de Chile y el Brasil). En todas las comparaciones del presente salimos mal parados. Rodolfo Terragno escribió *Urgente-llamado al país* a partir del diagnóstico de un presente argentino que nos refleja alejados del mundo que progresa y que exhibe robustos indicadores de desarrollo humano,[6] lo que nos obliga a planificar el futuro con metas concretas de desarrollo

---

4   Alberto J. SCHUSTER, *Competitividad para la prosperidad. La imperiosa necesidad argentina de saltar a la virtuosidad,* Publicaciones de KPMG en la Argentina, Reporte Anual 2009/2010.
5   Alieto GUADAGNI, *Otra escuela para el futuro,* Buenos Aires, Editorial Siglo XXI, 2011.
6   Rodolfo TERRAGNO, *Urgente-llamado al país*, Buenos Aires, Editorial Sudamericana, 2011.

y planes consecuentes. En la última medición la Argentina figura en el lugar 49, Australia en el 2 y Canadá en el 8, Italia en el lugar 26 y España en el 27. Chile está en el lugar 41.[7]

Ya no se trata de discutir el liderazgo regional con el Brasil (recuerdo que a principios del siglo XX discutíamos el liderazgo continental a los Estados Unidos de América), sino de consolidar la integración de un mercado regional que dé otra escala al mercado doméstico y se convierta en plataforma productiva hacia el mundo. Una integración regional que nos permita negociar acuerdos de largo plazo y mutuo beneficio con Norteamérica y Europa, con las otras regiones, y con las potencias emergentes del siglo XXI: la China y la India. En el presente estamos negociando aislados, desde la asimetría y la urgencia, sin integrar una masa crítica que nos permita discutir valor agregado local y regional.

Tampoco se trata de aislarnos en bloque. El marco regional debe ser conducente a la creación de comercio. Para eso debemos vertebrar el mercado regional con infraestructura, energía y telecomunicaciones. Con mercados articulados podremos hacer realidad la integración económica.

La base de nuestra riqueza natural sumada a la de nuestros vecinos debe proveer las ventajas comparadas relativas para seguir agregando valor y acercarnos al consumidor final como parte de las cadenas globales de valor. En conjunto podemos ofrecer a China, India y otras potencias emergentes la seguridad alimentaria que nos permita convertir la proteína vegetal en proteína animal (carne, leche, quesos) y biocombustibles, con el objetivo mediato de acceder a las góndolas de esos destinos comerciales con productos finales que añadan valor y empleos productivos. La revolución tecnológica para desarrollar petróleo y gas de esquisto (*shale oil y shale gas*) es una realidad en Estados Unidos y comienza a ser realidad entre nosotros. Ya hay producción no convencional en Vaca Muerta y hay un gran potencial a desarrollar que nos permitirá volver a exportar saldos a la región.

---

7   Pocket World in Figures. 2015 Edition. The Economist, p.28

Los recursos no convencionales en la Argentina y Brasil, el crudo de aguas profundas de nuestro vecino, el gas de Bolivia y las principales reservas probadas del mundo de Venezuela nos dan una masa crítica para negociar con Estados Unidos y Europa seguridad energética a cambio de tecnología y capitales. Pero esa reinserción estratégica en la región y en el mundo requiere un correlato político en el orden interno. En lo institucional, consolidar la República y el Estado de Derecho. En lo económico recuperar la estabilidad y definir una estrategia para articular educación, tecnología y producción, estableciendo metas de aumento sistemático de la productividad global. En el crecimiento de largo plazo, es determinante el rol de la ciencia, de la tecnología y de la capacidad de innovación. El capital humano, su formación y su entrenamiento, a partir de desafíos básicos de calidad educativa, también compromete metas, políticas públicas y planes estratégicos. En lo social, restableciendo el ascensor que ofrece una educación de calidad igualadora de oportunidades, la generación de nuevos empleos en el sector privado formal y la erradicación de la indigencia y la pobreza como prioridad excluyente.[8]En fin, tanto en nuestra proyección exterior como en nuestras acciones para desarrollar la Argentina, y mejorar la justicia social, urge tomar decisiones presentes que tengan en cuenta el futuro posible. Urge revalorizar la importancia del futuro en el presente, tanto en la Argentina como en el mundo global. Para esto hay que entender por qué como sociedad estamos entrampados en el corto plazo padeciendo el síndrome de la inmediatez y porqué el mundo globalizado es rehén de un presente de crisis y desconfianza al futuro. A partir de la comprensión de "la Argentina y sus circunstancias"[9] hay que generar consensos en torno

---

8   Con datos del 2014, 1 de cada 4 argentinos es pobre y uno de cada 20 es indigente (no cubre sus necesidades alimentarias). Recomendamos el interesante informe preparado sobre el tema por la Fundación Agropecuaria para el Desarrollo de la Argentina.Río Cuarto, Córdoba. Diciembre de 2014.

9   La expresión parafrasea la recordada frase de Ortega y Gasset que siempre se cita recortada. La frase completa y textual del filósofo español expresa: "Yo soy yo y mi circunstancia, y si no la salvo a ella no me salvo yo". José ORTEGA

a un proyecto que exprese la síntesis de políticas de Estado en el largo plazo. Hay que empezar por dar una gran batalla en el mundo de las ideas.

El culto al presente, arraigado en los valores de la cultura posmoderna y funcional al corto plazo populista, está en crisis. La crisis global es una crisis de la política y de la economía de los neopopulismos que han aflorado por derecha y por izquierda. El populismo posmoderno también domina la realidad social argentina, y construyendo la realidad a partir del relato nos condena a la intrascendencia en un mundo interdependiente y global, agrava las lacras sociales de pobreza, marginalidad y desigualdad, deteriora la calidad educativa y deshonra la justicia social.

República y Desarrollo es el proyecto político institucional y económico-social del verdadero progresismo plural e inclusivo. Pero para hablar de proyecto y de largo plazo, empecemos por volver a dar importancia al futuro.

Y GASSET. ¿Qué es la filosofía? España. Austral. Ciencias y Humanidades. Decimotercera edición. 2007. p.11

II

Volver al futuro

Zygmunt Bauman, el sociólogo que acuñó la expresión "modernidad líquida" para referirse a la era posmoderna, afirma que la matemática del "efecto mariposa", de Lorenz (matemática del caos), sirve para confirmar que el futuro es impredecible porque está indeterminado.[10] Frente a aseveraciones tan terminantes, nos preguntamos:

- ¿Por qué, entonces, preocuparnos por los efectos futuros del cambio climático que pronostican modelos humanos?
- ¿Por qué hacer planes estratégicos para el 2030 o el 2050 y analizar la evolución posible de las tendencias demográficas?
- ¿Por qué tratar de prepararse para las contingencias previsibles de un patrón de desarrollo no sustentable que no tiene en cuenta las restricciones materiales, sociales y ambientales del planeta?
- ¿Para qué hablar de la justicia social intergeneracional?

El mismo Bauman manifiesta constante preocupación y alarma por los efectos futuros de muchas manifestaciones presentes de la modernidad "líquida".

---

10   Zygmunt BAUMAN, *44 cartas desde el mundo líquido,* Buenos Aires, Paidós. Colección Estado y Sociedad, 2011, p. 125.

Antonio Gramsci, ideólogo del comunismo italiano, sostiene que el único modo de predecir el futuro es que el colectivo social asuma esfuerzos conjuntos a fin de causar efectos acordados, para evitar así los escenarios indeseables. No hay garantía de que estos esfuerzos arrojen el resultado que deseamos alcanzar; la guerra contra la incertidumbre nunca se ganará del todo; pero, según Gramsci, es la única estrategia que nos concede alguna probabilidad de ganar batallas.[11]

Predecir el futuro es connatural a la civilización occidental. En todas las anteriores civilizaciones, la predicción, cuando se producía, venía envuelta en el lenguaje de la profecía.[12] El paso de la profecía a la predicción razonable acompaña, precisamente, la aparición de los tiempos modernos. La especulación racional sobre el futuro se vuelve clave para fijar metas y elaborar planes. Parados en el presente, la predicción más rigurosa sobre el futuro argentino la daría un viaje imaginario a ese futuro.

Supongamos que en una nave muy sofisticada (mucho más sofisticada que la que el expresidente Menem imaginó despegando de algún lugar de la Argentina y yendo a la estratósfera para acortar tiempos de desplazamiento entre lugares distantes), viajando casi a la velocidad de la luz, dejamos la Argentina en el 2015 por unos pocos años para recorrer el espacio estelar. De regreso, como el tiempo para los viajeros de la nave transcurrió más lentamente, nos encontramos con la Argentina del 2030 o del 2050. Con los diarios, las fotografías y los testimonios del futuro, procuramos regresar al presente, al año 2015 de partida. El estado de la ciencia al día de hoy nos advierte que el viaje al pasado, si no imposible, es mucho más complicado de imaginar y plantear que el viaje al futuro. Pero como el propósito de la predicción es echar una ojeada al futuro, para ver si desde el presente se puede influir con planes y con políticas el porvenir que el viaje nos ha dado a conocer, asumamos también el hipotético retorno al pasado, es decir, a nuestro presente.

---

11   Citado por Zygmunt BAUMAN, *44 cartas desde el mundo líquido,* p. 128.
12   Paul HALPERN, *En búsqueda del destino: Una historia de la predicción,* México, Editorial Océano, 2008.

- ¿Se podrá cambiar en el presente el curso de los acontecimientos que determinaron el futuro argentino que el viaje nos permitió conocer?

Algunos contestarán que sí, otros que no. Para quienes creen que el futuro de la Argentina está predestinado o predeterminado, no hay nada que hacer para torcer el rumbo. Entre los que creen que no hay futuro predeterminado, que el futuro está abierto, el estatus de la predicción y de los planes estratégicos tiene otro valor. Como mínimo, nos permite atenuar la incertidumbre que rodea el futuro; como máximo, siguiendo la idea de Gramsci, nos permite encauzar esfuerzos conjuntos en el presente para evitar escenarios indeseables y viabilizar futuros posibles.

Desde épocas remotas, el ser humano y las sociedades se inquietan y angustian frente a la incertidumbre que abre el futuro. El oráculo de Delfos era, sin lugar a dudas, el conducto divino más apreciado en Grecia para consultar el futuro con los dioses. Según el modo de pensar griego, beber de la fuente délfica del conocimiento del futuro se veía como beber el elixir para la obtención de un gran poder político y militar. Ya en los tiempos de Roma, Cicerón hizo una crítica aguda sobre el valor práctico de la adivinación del futuro. Refutando argumentos de su propio hermano Quinto, en la segunda parte de *De Divinatione*,[13] Cicerón comienza distinguiendo la adivinación del conocimiento obtenido a través de los sentidos (la observación metódica).

- ¿Quién puede interpretar mejor los datos sensoriales: un adivino o un experto en la materia?
- ¿Por qué recurrir a los adivinos cuando, por lo general, las teorías científicas basadas en datos de la realidad proporcionan respuestas mucho más satisfactorias?

Cicerón amplía este razonamiento al atacar incluso la necesidad

---

13   Marco Tulio CICERÓN, *De Divinatione*, traducción de William Falconer, t. 2, ix, Cambridge, Massachusetts, Harvard University Press, 1964, p. 23.

misma de adivinación. Supongamos que se pudiera intuir el futuro por medios extraordinarios. Esto sólo sería posible, según Cicerón, si se hubiera escrito el guion de mañana. Si el destino estuviera sellado, entonces, saberlo sería, en el mejor de los casos, redundante y, en el peor, nos haría del todo desdichados. El mismo filósofo que nos dice mejor la ciencia que la adivinación para conocer el futuro también nos advierte que, si el futuro viene dado como asumen los predeterministas, y no se puede cambiar, es mejor ignorarlo.

Ya en el siglo xx, Bertrand De Jouvenel, un pensador moderno para quien el futuro estaba abierto a alternativas condicionadas de futuros posibles ("futuribles"),[14] sostuvo que las sociedades se resisten a que el porvenir sea absolutamente desconocido; más bien prefieren que sea preconocido. Crean instituciones, conceden poderes al Estado y planifican el futuro, para acotar la incertidumbre que domina un futuro que está abierto a distintas posibilidades. Para Jouvenel, todo poder es de alguna manera poder sobre el porvenir. Porque el poder es capacidad de acción que afecta al porvenir y no sólo al más inmediato presente. Los antiguos creían que una autoridad imprevisible era peor que la ausencia de toda autoridad, y no les faltaba razón para esa presunción que partía de la experiencia.

La previsibilidad institucional y política facilita el tránsito desde el presente a uno de los futuros posibles y deseables.

El futuro del mundo globalizado y de la Argentina no está predeterminado, está abierto a escenarios alternativos. Vamos forjando el futuro con lo que hacemos o dejamos de hacer en el presente, y es fundamental tenerlo en cuenta, no sólo para adecuar previsiones y acotar la incertidumbre que domina el porvenir, sino también para fijar metas y planes de largo plazo que nos permitan alcanzar un futuro posible y mejor para todos.

Cuando la Argentina en el siglo xix devino en una nación moderna, tuvo un proyecto de futuro. Cuando ese proyecto quedó trunco

---

14   Daniel MONTAMAT, *La retórica del economista*, Buenos Aires, Editorial Sielp, 1987, pp. 149-150.

(la crisis institucional de 1930 marcó el punto de inflexión), el futuro cedió jurisdicción a reivindicaciones presentes, más consustanciadas con situaciones de injusticia pasada que con objetivos comunes de cara al mañana. El proyecto populista de Perón todavía fue moderno: dominaba la reivindicación presente, pero en las metas y en los planes contaba el futuro de una "comunidad organizada" (incluso en la equivocada presuposición de una tercera conflagración bélica internacional). Cuando Juan Perón parafraseaba a Aristóteles repitiendo "la única verdad es la realidad", en el fondo apelaba a un cable a tierra para aceptar las restricciones que imponía la realidad objetiva a la construcción del discurso subjetivo y la consiguiente necesidad de rectificaciones. Hacia fines del siglo xx, y de manera muy marcada hoy, la Argentina se vuelve populista y posmoderna. Se ata al presente, y el futuro pierde relevancia. En la modernidad líquida ya no hay realidad objetiva, y el relato dominante busca erigirse como realidad. Los neopopulismos como el actual siempre acuden a un relato alternativo para construir la realidad y negar la evidencia objetiva que ofrecen los datos.

La negación de la inflación, la inseguridad y la pobreza no es caprichosa, es parte de la construcción de la realidad a partir del relato y de la consiguiente falta de cables a tierra con una realidad objetiva. En la cultura líquida la política se ajusta al humor de lo efímero y desaparecen las metas y los planes de largo plazo, salvo las conducentes al perpetuo devenir del poder por el poder mismo. En la Argentina moderna, el futuro se asumía dado. En la posmoderna no hay futuro, todo es presente.

El proyecto que tiene como piedra basal los consensos que tradujo la Constitución de 1853 presuponía un futuro de grandeza. Durante muchos años, los argentinos asumimos que estábamos predestinados al éxito. Con el quiebre institucional y el paulatino declive económico y social, seguimos asumiendo un futuro predeterminado, sólo que pasamos de estar predestinados a ser potencia mundial a estar predestinados al subdesarrollo; o bien porque estábamos condenados por nuestra condición periférica, o bien porque los términos de intercambio que vinculan nuestro sector externo al mundo (precio de lo que importamos respecto a lo que exportamos) se iban a deteriorar crónicamente.

La idea de asumir un destino impuesto por circunstancias externas que no podíamos cambiar fue una suerte de bálsamo exculpatorio de nuestra declinación relativa en el concierto de las naciones. De condenados al éxito pasamos a estar condenados al fracaso…, pero la culpa era de los otros. En la Argentina posmoderna, también hay predeterminismo. Pero como el futuro ya no cuenta en el devenir posmoderno, ahora estamos predestinados al caleidoscopio de sensaciones de un eterno presente.

Mientras todos los indicadores económicos y sociales comparados nos alertan de que estamos mal, tengamos en cuenta lo que grandes pensadores postulaban del futuro. De Cicerón, tomemos la prioridad de los planes serios, fundados en la observación de las experiencias exitosas de desarrollo comparado; de Jouvenel, aprendamos que el futuro no está escrito y que otro futuro es posible, a condición de generar un marco institucional y un proyecto argentino que recree en nosotros y en nuestros hijos la certidumbre de un país con largo plazo; finalmente, de Gramsci, que los esfuerzos colectivos para consolidar consensos y sumar energía social pueden cambiar el rumbo. Es el turno de las políticas de Estado; estas pueden devolvernos la alternancia republicana y el desarrollo económico y social.

Pero cambiar la mentalidad para revalorizar el futuro implica entender por qué somos rehenes del presente y padecemos más que otras sociedades el síndrome de la inmediatez. La dictadura del presente no es sólo un problema argentino, es un problema mundial enraizado en la crisis de los valores modernos y en la creciente influencia de los valores de la cultura posmoderna. Para desentrañar el problema es necesaria una incursión en el mundo de estas ideas.

III

Las ideas modernas y las ideas posmodernas

Miguel de Unamuno sostiene que el ser humano responde a dos instintos básicos para satisfacer sus necesidades existenciales: el instinto de conservación (asociado a nuestras necesidades materiales e intelectuales) y el instinto de perpetuación (asociado a las necesidades del alma, de trascender la muerte, de buscar la inmortalidad).[15] Salomón, el rey sabio de Israel, expresa en el Eclesiastés bíblico que Dios "ha puesto eternidad en el corazón del hombre".[16] Convivimos con los desafíos del diario vivir para lograr el sustento y explorar nuevas oportunidades de interacción social, pero más de una vez reflexionamos sobre: quiénes somos; cuál es el sentido de nuestra existencia; de dónde venimos; si hay vida después de la muerte; a dónde vamos cuando morimos.

Cuando estas preguntas existenciales vienen a nuestra mente (y vienen con más frecuencia en la medida que avanzamos en nuestra edad cronológica), muchas de las respuestas que intentamos darles

---

15   Miguel UNAMUNO, *Del sentimiento trágico en la vida. En los hombres y en los pueblos,* Edición de Antonio M. López Molina, Madrid, España, Editorial Biblioteca Nueva, 2006.

16   La Biblia, Eclesiastés 3:11.

abrevan en algún metarrelato[17] religioso o racional. Si respondemos que somos criaturas de Dios, que Dios tiene un plan para nuestra vida, que procuramos agradar a Dios con nuestras acciones y que creemos que Dios en Cristo nos asegura vida eterna, contestamos a partir de una cosmovisión cristiana de la existencia. Si en lugar de a Dios invocamos a Alá y nos guiamos por las revelaciones del profeta Mahoma en el Corán, respondemos a las dudas existenciales siguiendo el metarrelato musulmán. Si la respuesta toma en cuenta la transmigración de las almas, y nos asumimos en un ciclo de reencarnaciones que en algún momento acabará en el Nirvana de la perfección, abrevamos en las enseñanzas del hinduismo o del budismo.

Si las respuestas dejaran de lado a Dios, la inmortalidad y la transmigración de las almas, y acudieran al sentido de los logros del ser humano y a su capacidad de perfeccionarse y mejorar su condición a través de la ciencia, la educación y la cultura, estaríamos en el dominio de la razón humanista.

Si explicásemos nuestro origen y nuestro destino en términos ma-

---

17   La expresión *metarrelato* es propia de la jerga posmoderna. Según su origen etimológico, se encuentra integrada por dos palabras *meta* y *relato*; el vocablo *meta* (del griego -μετα) significa "después de", "más allá" o "con", esto implica que no hay un fin (como acostumbramos a mencionar), sino una continuación de algún suceso relevante. Un relato es una narrativa, una historia, una construcción subjetiva, creada por un narrador, orador o rétor, dotada casi siempre de la impresión personal de éste, cuya característica es trasmitir dicho conocimiento a un auditorio o espectador. Los posmodernos usan los términos *relato, grandes relatos* y *metarrelato* para aludir a un mismo referente: los discursos legitimadores a nivel ideológico, social, político y científico. Diéguez precisa el término *metarrelato* de la siguiente manera: "Un metarrelato es, en la terminología de Lyotard, una gran narración con pretensiones justificatorias y explicativas de ciertas instituciones o creencias compartidas". Antonio Diéguez. *La ciencia desde una perspectiva postmoderna: Entre la legitimidad política y la validez epistemológica* [en línea]. II Jornadas de Filosofía: Filosofía y política (Coín, Málaga 2004), Coín, Málaga: Procure, 2006, pp. 177-205. Disponible en: http://webpersonal.uma.es/~DIEGUEZ/hipervpdf/CIENCIAPOSTMODERNA.pdf
Metarrelato es, entonces, una suerte de "gran relato" con pretensiones de dar sentido al ser dando respuestas a nuestros interrogantes existenciales.

terialistas, donde las relaciones sociales están predeterminadas por las relaciones de producción que evolucionan en zigzag (proceso dialéctico) para derivar, primero, en una dictadura del proletariado, y luego, en una sociedad ideal con un "hombre nuevo" no "alienado", estaríamos respondiendo a partir del metarrelato marxista.

Si lo que da sentido a nuestra existencia y nos transforma en sujetos de un proceso histórico es la superioridad de una raza con el Estado Nacional como eje del proyecto de realización individual y colectiva, contestamos con la razón nazi-fascista.

Un existencialista respondería que primero existimos y luego somos; que cuando nacemos irrumpimos en este mundo y que, a semejanza de los actores en un teatro, tenemos que empezar a protagonizar nuestra propia tragedia, dejando, si se puede, una huella en la historia que dé sentido a nuestra existencia. Frank Sinatra, con su voz inolvidable, nos recordaría que él pudo hacerlo "a su manera".

Siempre que un proyecto existencial nos remita al pasado, trate de encontrar sentido al presente y opere como bálsamo de nuestra incertidumbre futura, generando expectativas, promesas y esperanzas, estamos asumiendo una concepción racional del ser. Un ser razonado es un ser estructurado intelectualmente, inteligible, que preserva su esencia y sus atributos en el "gran relato", que mantiene su rol y su protagonismo en el proceso histórico. Las respuestas de los metarrelatos religiosos o racionalistas a las preguntas de la existencia son propias del pensamiento moderno.[18]

En su famoso libro *Madness and Civilization (Locura y Civilización)*,[19] Michel Foucault ataca la autoridad de la razón. En su desesperación, ante la impotencia de los poderes trascendentes del in-

---

18   Algunos sostendrán que cuando el metarrelato echa raíces en la fe o se aferra a un dogma, estamos frente a un pensamiento premoderno. Discrepamos, todo "gran relato", religioso o racional, abreva en la metafísica del ser de Parménides, con independencia de que apele luego a la fe, a la experiencia mística o a la razón, para convalidar sus pretensiones explicativas.

19   Michel FOUCAULT, *Madness and Civilization: A History of Insanity in the Age of Reason*, España, Vintage Editores, 1988.

telecto racional, encarna una verdad profunda de nuestro tiempo: el fracaso de los llamados herederos de la época de las "luces" de proveer una respuesta unificada sobre la base de la razón a los planteos existenciales. Si Foucault tuviera que abordar las dudas existenciales que formulamos al principio, respondería que los seres humanos estamos abocados a crear nuestro itinerario vital; y en este proceso de creación, también nos creamos a nosotros mismos, al igual que los artistas crean obras de arte (en esto, se parecería a los existencialistas). Pero Foucault agregaría que esa obra de arte es un "trabajo de *bricolage*", la existencia es la sumatoria de experiencias y sensaciones efímeras, inarticuladas e intrascendentes de la perspectiva de un proceso histórico. No hay metarrelatos posibles ni un ser esencial que pueda trascender al permanente cambio que impone el devenir. El filósofo francés encarna el pensamiento posmoderno. Para los posmodernos, todas estas dudas existenciales que planteamos no tienen sentido ni respuesta. *Surfeamos* el devenir y navegamos la nada sólo para buscar sentido al instante presente que vivimos.

En el corazón del pensamiento moderno, late el principio de razón: el ser es; el no ser no es (principio de identidad en lógica). En el corazón del pensamiento posmoderno, late el devenir, la nada. El Hamlet moderno de Shakespeare dudaba entre "ser o no ser"; un Hamlet posmoderno cambiaría la disyunción por la conjunción: "ser y no ser". Todo deviene, todo muta, todo cambia.

- ¿Qué tiene que ver esta confrontación de ideas y valores modernos y posmodernos con los problemas cotidianos de la realidad política, económica y social del mundo y de la Argentina?
- ¿Cómo influye todo esto en el aquí y el ahora de cada uno de nosotros?[20]

---

20   Recordemos la famosa frase de John Maynard Keynes en su obra maestra *La Teoría general del empleo, el interés y el dinero*: "Tarde o temprano son las ideas, no los intereses creados, los que son peligrosos para bien o para mal". John Maynard KEYNES, *The General Theory. Quarterly Journal of Economics*, Reimpreso en Collecting Writings, 1937, vol. 14, p. 218.

Tiene mucho que ver e influye más de lo que nosotros creemos. Modela pensamientos, forja valores, promueve acciones y define políticas.

El pensamiento moderno analiza el presente, teniendo en cuenta el pasado y en función de ideales futuros.

El pensamiento posmoderno es obsesivo con el presente, que es, en definitiva, lo único que cuenta si todo es efímero y deviene en el tiempo.

Agustín de Hipona (San Agustín) hace en sus Confesiones uno de los análisis filosóficos más simples y profundos del tiempo cronológico. Parte de la convicción que sólo Dios, creador del tiempo, está fuera del tiempo, y que su eternidad puede expresarse como un perpetuo presente. Los seres humanos, por el contrario, estamos por ahora sujetos al tiempo, y, en nuestra condición temporal, lo que no podemos hacer es aferrarnos al presente. Dice el maestro nacido en Tagaste (entonces África romana):

> *"¿Cien años presentes son acaso un tiempo largo? Mira primero si puedes estar presente cien años. Porque si se trata del primer año, es presente; pero los noventa y nueve son futuros, y, por tanto no existen todavía; pero si estamos en el segundo año, ya tenemos uno pretérito, otro presente, y los restantes, futuros. Y así de cualquiera de los años medios de este número centenario que tomemos como presente: todos los anteriores a él serán pasados; todos los que vengan después de él, futuros. Por todo lo cual no pueden ser presentes los cien años".*

Con el rigor de la lógica agustiniana podríamos seguir reduciendo la unidad temporal. Si el presente es el año 2015, y estamos parados en junio, hay meses que forman parte del pasado del año 2015, y los restantes del futuro. Así podríamos repetir el razonamiento con un mes como unidad temporal, con una semana, con un día, una hora, un minuto…hasta llegar al instante. El instante presente es y deja de ser. "*El presente es futuro sido*" dirá en el siglo XX Martín Heidegger[21]. San Agustín consideraría, además de absurda, impiadosa y presuntuosa la pretensión humana de "*eternizar el presente*"; pero es justamente eso es lo que promueve la cultura de la "*modernidad líquida*"[22] con su caleidoscopio de sensaciones y experiencias efímeras. No hay futuro, todo es presente. Como advertiría Blas Pascal de manera profética hace siglos: lo que la gente quiere "*es distraerse de pensar qué es…*"[23] Esa cultura es la que ha devuelto renovada vigencia, por derecha y por izquierda, al populismo ideológico, a sus relatos, y a sus políticas cortoplacistas.

A principios del siglo XXI, conviven dos tendencias culturales en el mundo globalizado: la moderna y la posmoderna. ¿Vivimos todavía en la modernidad? Todo parece indicar que por el momento asistimos a su declinación relativa. Los oteadores del horizonte filosófico vienen augurando desde hace décadas la muerte de la modernidad y el nacimiento de la posmodernidad.

Para quienes recibimos la influencia de la cultura moderna, la forma de entender la realidad que poseía el hombre moderno sigue siendo válida todavía hoy. La modernidad se concibe, por lo tanto, como un proyecto inacabado, que habría que continuar potenciando las ventajas de la razón crítica y acotando los desvíos de la razón fundante[24]. Los ideales modernos de libertad y progreso inclusivo, pendientes en las distintas sociedades, siguen siendo sendos desafíos para la humanidad del nuevo milenio. Otros piensan, en cambio, que

---

21   San Agustín. Confesiones. Editorial Lumen. Buenos Aires. 1999 p 268 y ss ; Martín Heidegger. El ser y el tiempo. Planeta, Buenos Aires. 1993.
22   La expresión "Tiempos líquidos", "Modernidad Líquida", ha sido acuñada por Bauman para referirse a la posmodernidad. BAUMAN, Zygmunt. Tiempos líquidos. Ensayos TusQuests Editores. Traducción Carmen Corral. Buenos Aires 2007.
23   PASCAL, Blas, Pensamientos, Altaya, Barcelona, 1994
24   Ver el análisis de "razón crítica" y "razón fundante" en Ricardo MALIANDI. Volver a la razón. Editorial Biblos. Buenos Aires 1997, ps. 21 a 26

la modernidad va camino a morir y que sus utopías quedarán enterradas en las fosas del olvido.[25]

Veremos en los capítulos siguientes las consecuencias prácticas en lo político, en lo económico y en lo social de estos dos esquemas de pensamiento (que se traducen en ideas y valores) y su influencia en los problemas de la actualidad mundial y argentina. Pero antes, para reafirmar y echar más luz sobre algunos conceptos aquí vertidos, debemos remontarnos en vuelo de pájaros a la génesis de esta batalla de ideas que hoy divide aguas entre modernos y posmodernos. Como no puede ser de otra manera, siempre el viaje al pasado de las ideas nos remite a la Grecia antigua; esta vez, a la preclásica del siglo VI a. C., a Heráclito de Éfeso y a Parménides de Elea.

---

25   Aunque los críticos de la modernidad se equivoquen, la abundancia de signos posmodernos habla a las claras de una confluencia interoceánica que ya somete a fuertes rigores a todas aquellas teorías producto de la cultura moderna que se resisten a considerar las nuevas condiciones de navegación. Para evitar el naufragio, se hace imprescindible incorporar en la cartografía que hasta ahora ha servido de guía –léase el modelo teórico– los nuevos datos que proporciona la ascendiente cultura posmoderna. Véase Daniel Gustavo MONTAMAT, "Introducción", *La economía del consumo posmoderno*, Buenos Aires, Editorial Ciudad Argentina, 2005.

IV

Viejas ideas en envases nuevos:
Heráclito y Parménides

A lo mejor usted piensa como un moderno, pero actúa como un posmoderno por lo valores y hábitos prevalecientes en su medio social. A lo mejor, piensa y actúa como un posmoderno. Pensar y actuar como un moderno en un medio de ascendiente influencia de las ideas y la cultura posmodernas es casi como navegar contra la corriente. Si usted es un posmoderno asumido, se va a identificar con las ideas de Heráclito; si piensa como un moderno, refrendará las ideas de Parménides.

Los griegos fueron los inventores de eso que llamamos filosofía. ¿Por qué?: porque fueron los inventores –en el sentido de la palabra "descubrir"–, los descubridores de la razón, los que descubrieron que con la razón, con el pensamiento racional, se puede hallar lo que las cosas son, se puede averiguar el último fondo de las cosas. Ellos, de manera sistemática, empezaron a hacer uso de intuiciones intelectuales y de intuiciones racionales.

Antes de los griegos, se hacía algo parecido, pero con toda clase de atisbos, de recurrencias místicas, de elementos irracionales.

Los primeros filósofos griegos se plantean el problema de quién existe, de cuál es el ser en sí, cuando ya han superado el estado del realismo primitivo que enunciábamos diciendo: todas las cosas existen, y yo entre ellas. El primer momento filosófico, el primer esfuerzo de la reflexión consiste en discernir entre las cosas que existen en sí y las cosas que existen en otra, las que tienen una existencia derivada. Estos filósofos griegos empezaron buscando cuál es la o las cosas que tienen una existencia en sí, no existencia derivada de otras cosas.

El más antiguo filósofo griego del que se tiene noticia un poco exacta se llama Thales, y era de la ciudad de Mileto. Este hombre buscó entre las cosas cuál sería el principio de todas las demás, cuál sería la cosa a la cual le conferiría la dignidad de ser, de principio, de ser en sí, la existencia en sí, de la cual todas las demás son meros derivados; y el hombre dictaminó que esta cosa era el agua.

Para Thales de Mileto, el agua es el principio de todas las cosas. De modo que todas las demás cosas tienen un ser derivado, secundario, consisten en agua. Pero ¿qué es el agua? Como él dice: el principio de todo lo demás no consiste en nada; existe, con una existencia primordial, como principio esencial, fundamental, primario.[26]

Otros filósofos de esta misma época –el siglo VII a. C. – tuvieron actitudes más o menos parecidas a la de Thales de Mileto. Por ejemplo, Anaximandro también creyó que el principio de todas las cosas era algo material, pero tuvo una idea un poco más complicada que la de Thales y determinó que ese algo material, principio de todas las demás cosas, no era ninguna cosa determinada, sino que era una especie de protocosa, que era lo que él llamaba en griego *apeiron*, indefinido, una cosa indefinida que no era ni agua, ni tierra, ni fuego, ni aire, ni piedra, sino que tenía en sí la posibilidad de que de ella, de ese *apeiron*, de ese infinito o indefinido, se derivasen las demás cosas.

Anaxímenes fue otro de esos filósofos primitivos que buscaron una cosa material como origen de todas las demás, como origen de los demás principios, como única existente en sí y por sí, de la cual se derivaban las demás. Él tomó el aire.

Es posible que haya habido más intentos de antiquísimos filósofos

---

26   Julián MARÍAS, *Historia de la filosofía*, 29.ª ed., ampliada, Madrid, Biblioteca de la Revista de Occidente, 1941, pp. 11 y ss.

griegos que buscaron alguna cosa material, pero estos intentos fueron pronto superados; primeramente en la dirección curiosa de no buscar una, sino varias; de creer que el principio u origen de todas las cosas no es una sola cosa, sino varias cosas. Es de suponer que las críticas de que fueron objeto Thales, Anaximandro y Anaxímenes contribuyeron a ello. La dificultad grande de hacerle creer a nadie que el mármol de una de las estatuas en Atenas fuese derivado del agua, o del aire, o de una cosa determinada es posible que haya sido objeto de críticas feroces, y entonces sobrevino la idea de salvar las cualidades diferenciales de las cosas y se admitió no un origen único, sino un origen plural; no una sola cosa de la cual derivaron las demás, sino varias cosas. Así un antiquísimo filósofo casi legendario que se llamó [27]Empédocles inventó la teoría de que eran cuatro las cosas realmente existentes de las cuales se derivan todas las demás, y que esas cuatro cosas eran: el agua, el aire, la tierra y el fuego, a los que él llamó *elementos*, que quiere decir "aquello con lo cual se hace todo lo demás".

Los cuatro elementos de Empédocles atravesaron toda la historia del pensamiento griego, entraron en la física de Aristóteles, llegaron hasta la Edad Media y murieron al principio del Renacimiento.[28]

Aproximadamente hacia la misma época en que vivió Empédocles, hubo dos acontecimientos filosóficos que para nuestra batalla de ideas son de importancia capital: uno es la aparición de Pitágoras; el otro es la aparición de Heráclito.

Pitágoras fue un hombre genial, porque fue el primer filósofo griego a quien se le ocurrió la idea de que el principio de donde todo lo demás se deriva, lo que existe de verdad, el verdadero ser, el ser en sí, no es ninguna cosa; o mejor dicho, es una cosa (en el sentido de ente filosófico), pero que no se ve, ni se oye, ni se toca, ni se huele, que no es accesible a los sentidos. Esa cosa es el número. Para Pitágoras, la esencia última de todo ser, de lo que percibimos por los sentidos, es el número. Las cosas

---

27   A Empédocles se le atribuye la famosa frase: "Efímera es la vida de los mortales, pero cada día de la vida es inmortal"

28   Julián MARÍAS, *op. cit.*, p.14 y ss.

son números, esconden dentro de sí números. Las cosas son distintas unas de otras por la diferencia cuantitativa y numérica.

Heráclito de Éfeso (ciudad de la Jonia, en la costa occidental del Asia Menor, actual Turquía), conocido también como El Oscuro de Éfeso, nació hacia el año 535 a. C. y falleció hacia el 484 a. C. Heráclito fue un hombre de profundísimo genio. Anticipó una porción de temas de la filosofía contemporánea. Heráclito repasa todas las soluciones que antes de él han sido dadas al problema metafísico; y observa: que Thales de Mileto dice que el agua existe; que Anaxímenes dice que el aire existe; que Anaximandro dice que la materia amorfa, sin forma, indefinida, existe; que Pitágoras dice que los números existen; y que Empédocles dice que los cuatro elementos existen, lo demás no existe, es decir, tiene una existencia derivada.

Heráclito encuentra que ninguna de estas respuestas tiene razón; encuentra que si examinamos verdaderamente, con ojos imparciales, las cosas que se tienen ante nosotros, hallamos en ellas todo eso; y sobre todo, que las cosas que se tienen ante nosotros no son nunca, en ningún momento, lo que son en el momento anterior y en el momento posterior; que las cosas están cambiando constantemente; que cuando nosotros queremos fijar una cosa y definir su consistencia, decir en qué consiste esa cosa en sí, ya no consiste en lo mismo que consistía hace un momento. Proclama, pues, el fluir de la realidad. Nunca vemos dos veces lo mismo, por próximos que sean los momentos, o, como decía en su lenguaje metafórico y místico: "Nunca nos bañamos dos veces en el mismo río". Las cosas son como las gotas de agua en los ríos, que pasan y no vuelven nunca más.[29]

No hay, pues, un ser estático de las cosas. Lo que hay es un ser dinámico, en el cual podemos hacer un corte, pero será caprichoso. De suerte que las cosas no son, sino que devienen, y ninguna y todas pueden tener la pretensión de ser el ser en sí. Nada existe, porque todo

---

29   Cambio y permanencia tienen un magnífico desarrollo en Adolfo P. CARPIO, *Principios de Filosofía. Una Introducción a su problemática*, quinta reimpresión, Buenos Aires, Glauco, 2004, pp. 19 y ss.

lo que existe, existe un instante y al instante siguiente ya no existe, sino que es otra cosa la que existe. El existir es un perpetuo cambiar, un estar constantemente siendo y no siendo; un devenir perfecto; un constante fluir. Y así termina la filosofía de Heráclito, con una nota de escepticismo, es decir, con una especie de resignación a que el hombre no sea capaz de descubrir lo que existe verdaderamente; que el problema sea demasiado grande para el hombre. Heráclito es el referente histórico del escepticismo metafísico. Su visión del ser en sí constituye el fundamento de la negación metafísica.

En este momento –el siglo VI a. C.–, en el que Heráclito acaba de terminar su obra, surge en el pensamiento griego uno de los filósofos más influyentes de la historia de la filosofía. Nos referimos a Parménides de Elea. Nació entre el 530 a. C. y el 515 a. C. en la colonia griega del sur de Magna Grecia (Italia), ciudad que le debió también su legislación. Su fecha de muerte es incierta, pero habría vivido al menos unos 65 años.

Hace veinticinco siglos que Parménides empujó el pensamiento metafísico en una dirección, y esa dirección ha seguido hasta hoy, cuando el posmodernismo, a partir del revisionismo de Nietzsche, y con figuras descollantes como Foucault, vuelve a la concepción metafísica de Heráclito de Éfeso.

El sujeto moderno es heredero de la concepción del ser de Parménides.[30] El posmoderno es heredero del devenir de Heráclito.

La filosofía de Parménides no se puede entender bien, si no se pone en relación polémica con la filosofía de Heráclito.

---

30   A menudo se alude a Martin Heidegger como el filósofo que en su famosa obra "El ser y el tiempo" echa por tierra la concepción del ser de Parménides. Para nosotros lo que hace el filósofo alemán en su obra es confrontar la tradición realista heredada de los griegos de asumir la esencia del ser como un ente más (Dios, las ideas, la substancia, etc). "El ser de los entes no es el mismo ente" sostiene Heidegger. Heidegger se pregunta sobre el ser en sí. No sobre el ser de cada ente filosófico, sino sobre las características del ser en sí mismo. Se propone desarrollar una teoría sobre el ser en general. Pero en el análisis de ser en el tiempo siguen presentes los atributos del ser inteligible planteado por Parménides. Ver: Martín HEIDEGGER, El ser y el tiempo. España. Planeta-Agostini. 1993

El pensamiento de Parménides madura, crece, se multiplica en vigor y en esplendor, conforme va acometiendo la crítica de Heráclito. Se desarrolla en la polémica contra Heráclito.

Parménides se encuentra con la solución que Heráclito da al problema metafísico. Analiza esta solución y advierte que, según Heráclito, resulta que una cosa es y no es al mismo tiempo, puesto que el ser consiste en estar siendo, en fluir, en devenir. Parménides, analizando la idea misma de devenir, de fluir, de cambiar, encuentra en esa idea el elemento de que el ser deja de ser lo que es para entrar a ser otra cosa; y al mismo tiempo que entra a ser otra cosa, deja de ser lo que es para entrar a ser otra cosa. Encuentra, pues, que dentro de la idea del devenir hay una contradicción lógica: que el ser no es; que el que es no es; puesto que lo que es en este momento ya no es en este momento, sino que pasa a ser otra cosa. Cualquier vista que tomemos sobre la realidad, nos pone frente a una contradicción lógica; nos pone frente a un ser que se caracteriza por no ser. Y dice Parménides: esto es absurdo; la filosofía de Heráclito es absurda, es ininteligible, no hay quién la entienda, es irracional. Porque, ¿cómo puede nadie entender que lo que es no sea, y lo que no es sea? ¡No puede ser! ¡Esto es imposible! Tenemos, pues, que oponer a las contradicciones, a los absurdos, a las ininteligibilidades de la filosofía de Heráclito, un principio de razón, un principio de pensamiento, que no pueda fallar nunca. ¿Cuál será ese principio? Éste: El ser es. El no ser no es. Y todo lo que sea salirse de eso es descabellado, es lanzarse, precipitarse en la cima del error ¿Cómo puede decirse, como dice Heráclito, que las cosas son y no son? Porque la idea del devenir implica necesariamente, como su propio nervio interior, el que lo que ahora es ya no es, puesto que todo momento que tomamos en el transcurso del ser, según Heráclito, es un tránsito hacia el no ser de lo que antes era, y esto es incomprensible, esto es ininteligible a la razón. Las cosas tienen un ser, y ese ser es. Y si no tienen que ser, el no ser no es.

Si Parménides se hubiese contentado con hacer la crítica de Heráclito, hubiese hecho ya una obra de importancia filosófica considerable. Pero no se contenta con ello, sino que añade a la crítica de Herá- clito una construcción metafísica propia. La lleva a cabo partiendo de ese principio de razón que él acaba de descubrir. Parménides acaba de descubrir el principio lógico del pensamiento, que formula en estos términos categóricos y estrictos: el ser es; el no ser no es. Y todo lo que sea apartarse de eso es correr hacia el error.

Este principio que descubre Parménides, y que los lógicos luego llamaron "principio de identidad", le sirvió de base para su construc- ción metafísica.

Evidentemente no podía ocultársele a Parménides que el espectá- culo del universo, del mundo de las cosas, tal como se ofrece a nues- tros sentidos, es completamente distinto de este ser *único, inmóvil, ilimitado, inmutable* y *eterno* que termina postulando. Las cosas son, por el contrario, movimientos, seres múltiples, que van y vienen, que se mueven, que cambian, que nacen y que perecen. No podía ocultár- sele la oposición en que su metafísica se hallaba frente al espectáculo del universo. Entonces Parménides no vacila un instante. Con el sen- tido de la coherencia lógica, saca una conclusión determinante: este mundo abigarrado de colores, de sabores, de olores, de movimientos, de subidas y bajadas, de las cosas que van y vienen, de la multipli- cidad de los seres, de su variedad, todo este mundo sensible, es una apariencia, es una ilusión de nuestros sentidos, una ilusión de nuestra facultad de percibir. Así como un hombre que viese forzosamente el mundo a través de unos cristales rojos diría que las cosas son rojas, y estaría equivocado; del mismo modo nosotros decimos: el ser es múltiple, es movedizo, el ser es cambiante, el ser es variadísimo, el ser fluye; y para Parménides estamos equivocados.

Para Parménides la sensación sensible es ilusoria: hay un mundo sensible, cuyas impresiones registramos con nuestros sentidos, y un mundo inteligible, de la mente, de la razón. El mundo sensible, que conocemos por los sentidos, es ininteligible, absurdo. Por eso, frente al mundo sensible que vemos, que tocamos, pero que no podemos comprender, Parménides coloca un mundo que no vemos, que no tocamos, del que no tenemos imaginación ninguna, pero que podemos comprender, que está sujeto y sometido a la ley de la lógica de la no contradicción, a la ley lógica de la identidad; por eso se llama mundo inteligible, mundo del pensamiento, mundo de la razón.

Durante más de veinticinco siglos, la historia del pensamiento filosófico tuvo como hito referencial a una de las dos corrientes que iluminaron Platón y Aristóteles: el "idealismo" platónico y el "realismo" aristotélico. El pensamiento filosófico, sobre todo el de origen anglosajón, identificó el ser de Parménides con el "idealismo" de Platón, y el devenir de Heráclito con el "realismo" de Aristóteles.[31] Nietzsche demostró que la bifurcación del árbol de la filosofía precedió a estos dos grandes filósofos. En realidad, sus planteos abrevaban en la misma concepción filosófica del "ser": ambos eran seguidores de la concepción metafísica de Parménides. La verdadera bifurcación filosófica se remonta a los planteos metafísicos de los dos griegos protagonistas de este capítulo: Heráclito y Parménides.

La cultura moderna es heredera de Parménides. El ser inteligible de Parménides con sus atributos (único, inmóvil –o móvil en potencia y en acto como imaginó Aristóteles–, ilimitado, inmutable y

---

31   En ese sentido, véase Anthony KENNY, *Breve historia de la filosofía occidental*, traducción de Miguel Candel, Buenos Aires, Paidós, 2005, pp. 115 y ss. Es cierto que Aristóteles tenía especial problema con el atributo de inmovilidad del ser inteligible de Parménides. Para conciliar la teoría del ser de Parménides con la idea de movimiento o cambio que presentaban los entes (las cosas del mundo real), desarrolló la idea del ser "en potencia" y del ser "en acto". Antes de ser concebidos, cada uno de los seres humanos somos "en potencia"; al ser concebidos, pasamos a ser "en acto". El árbol "en acto" es una mesa "en potencia", a su vez, la semilla es ya árbol, pero sólo "en potencia". El movimiento es el pasaje de la potencia al acto. Pero el paso de la potencia al acto, y viceversa, no es un paso del no ser al ser (como lo propondría Heráclito), sino el paso de un modo de ser a otro (siempre en la órbita del ser parmenídico). No es que somos y dejamos de ser. Por el cambio y el movimiento, somos "en potencia" y somos "en acto". Cuando Aristóteles desarrolla la idea de "substancia" de la cosa, su realismo abreva en la teoría del ser de Parménides. En este otro sentido, véase Julián MARÍAS, *op. cit.*, pp. 75 y ss. Adolfo CARPIO, *op. cit.*, pp. 120 y ss. También, Fernando SAVATER, *La aventura del pensamiento*, Buenos Aires, Sudmericana, 2008, pp. 37 y ss.

eterno) y con su identificación con un principio de razón (el ser es; el no ser no es) ha constituido la savia de los metarrelatos religiosos y racionalistas que a través de veinticinco siglos de historia han procurado dar sentido y explicación a la existencia del ser humano como sujeto en el mundo y en la historia. La cultura moderna fue gestora de proyectos existenciales. La cultura posmoderna es refractaria de los proyectos existenciales.

La posmodernidad implica entonces una vuelta, un retorno a la concepción metafísica de Heráclito; a la metafísica de la nada. Heráclito proclama el fluir de la realidad. El ser deviene permanentemente como la gota de agua en los ríos, que pasa y no vuelve nunca más. No hay, pues, un ser estático de las cosas y trascendente a ellas. El existir es un perpetuo cambiar, un estar constantemente siendo y no siendo; un devenir permanente. El ser es en el instante y deja de ser. La reivindicación del pensamiento de Heráclito conmueve el mundo de las ideas porque trae aparejada la "deconstrucción" de todos los metarrelatos con pretensiones explicativas de lo que soy, de mi origen y de mi destino. El sujeto "formateado" en la modernidad "dura" queda liberado de condicionamientos históricos y determinismos futuros en la "modernidad líquida", pero al mismo tiempo se desestructura y debe convivir con la nada.[32] Por eso el sujeto posmoderno trata de encontrar sentido existencial en el devenir, que es lo mismo que encontrar sentido en el instante de existencia. Porque el ser es un instante y deja de ser. La consecuencia directa de esta concepción donde la realidad fluye es la exaltación del tiempo presente, respecto al tiempo pasado y al tiempo futuro. En el pensamiento moderno, prima la importancia relativa del futuro[33]. En

---

32   Peter Sellers, el famoso actor cinematográfico, dijo: "Si me pidieran que me interpretase a mí mismo, no sabría qué hacer. No sé quién o qué soy". Y añadió: "Antes había un yo detrás de la máscara, pero lo extirparon quirúrgicamente". William Shakespeare, en una profética y perspicaz anticipación a la pregunta de Sellers, fue un paso más allá y preguntó en boca del rey Lear: "¿Hay alguien que pueda decirme quién soy?". Zygmunt BAUMAN, *op. cit.*, p. 38.
33   "La vida es lo que aún no es" decía Ortega. José ORTEGA y GASSET. Op. Cit. P. 213

la cultura posmoderna, el proyecto existencial es el presente, es decir, el instante. De allí, el culto al corto plazo y la irrelevancia del futuro en la satisfacción de las necesidades del aquí y el ahora.

A los modernos se les imputa resignar goces presentes en aras de logros futuros. A los posmodernos se les imputa sacrificar el futuro en aras de gratificaciones presentes.

La deconstrucción posmoderna de los dogmas religiosos y racionalistas, también barrió con los criterios de realidad y evidencia objetiva. En el caleidoscopio de sensaciones y experiencias que procuran dar sentido al devenir, de la realidad posmoderna no hay mucho más que lenguaje (palabras), y, como las verdades son subjetivas, la realidad deja de trascendernos y se torna manipulable. Quien domina el relato impone la realidad.

El mundo para los posmodernos es una construcción humana. Lo creamos con las historias que inventamos para explicarlo, según cómo elijamos vivir en él. Los semiólogos afirman que este mundo no es objetivo, es contingente, todo deviene; por lo que no hay verdades objetivas, sino puntos de vista, opciones en la estructuración de la realidad[34]. En cierto sentido es un mundo creado por el lenguaje, unido por metáforas y significados consensuados y compartidos, que mutan con el paso del tiempo. La realidad no es una herencia que recibamos, sino algo que creamos nosotros al comunicárnosla. Incluso la ciencia, para estos pensadores, es una colección de textos e historias, cuya autoridad reside, en última instancia, en su capacidad para convencer a sus lectores de su validez. En un mundo de "verdades líquidas" las historias y las representaciones se vuelven tan importantes como los hechos y los datos que otros oponen como evidencia de una realidad objetiva.

En la cultura de las verdades "líquidas" los medios de comunicación y la "prensa militante" son instrumentos de importancia excluyentes en la construcción de la realidad. Los totalitarismos modernos

34   Daniel MONTAMAT. La Argentina de las verdades líquidas. La Nación. 12.01-15

necesitaban el control de los medios para tallar a fuego sus verdades fundantes y eliminar la razón crítica. Los autoritarismos posmodernos necesitan el control para dominar el relato y "matar" a los mensajeros que proveen cifras e información de la realidad objetiva.

Entre nosotros, a los mensajeros de datos de la inflación verdadera, de la inseguridad de cada día, de la pobreza, de los casos de corrupción o de la crisis energética. En clave de "verdades líquidas", la realidad según el relato, tiene "precios cuidados", "sensación de inseguridad", la corrupción es inventada y el déficit energético es la contracara del crecimiento económico. Ideas y valores de la cultura líquida, anclada en el presente y promotora de relatos. Ideas de Heráclito de Éfeso en versión siglo XXI.

¿Empieza a resultarles más familiar? Analicemos entonces en el próximo capítulo las consecuencias prácticas de estas ideas y sus valores derivados en la realidad política, económica y social de la Argentina y sus circunstancias.

V

La simbiosis de las ideas populistas y posmodernas.

El falso progresismo

El expresidente Juan Domingo Perón escribía en 1952 a su colega chileno el general Carlos Ibáñez, quien hacía poco tiempo había sido elegido presidente:

> *Mí querido amigo: dele al pueblo, especialmente a los trabajadores, todo lo que pueda. Cuando le parezca que ya les está dando demasiado, deles más. Verá los resultados. Todos tratarán de asustarlo con el espectro de un colapso económico. Pero todo eso es una mentira. No hay nada más elástico que la economía, a la que todos le temen tanto porque nadie la entiende.*[35]

La idea de redistribuir riqueza en el presente sin ataduras a restricciones presupuestarias y rigidez monetaria es muy seductora para ganar adhesión popular y obtener réditos políticos inmediatos. Sin embargo, ya se sabe que la prosperidad no puede financiarse con endeudamiento público ilimitado o con emisión de moneda. El populismo económico siempre derivó, invariablemente, en una inflación

---

[35]   Citado por Sebastián EDWARDS, *Populismo o mercado,* traducción de María Mercedes Correa y Paula Botero, Colombia, Grupo Editorial Norma, 2009, p. 227.

acelerada (en algunos casos en hiperinflación), mayor desempleo y menores salarios. En la historia de la región latinoamericana, y en la historia económica argentina de las últimas décadas, una y otra vez las políticas populistas han culminado en el fracaso, haciendo daño a aquellos grupos –los pobres y las clases medias– que supuestamente buscaban favorecer.[36]La falta de sustentabilidad de sus políticas siempre deriva en ajustes que pagan los que menos tienen. Lejos de ser progresista, el populismo retroalimenta estructuras productivas rentísticas que terminan consolidando las desigualdades sociales y las inequidades distributivas.

Sin embargo, pese a los reiterados fracasos de las políticas populistas, las ideas populistas todavía gozan de salud entre nosotros y en buena parte del mundo. En la Argentina actual, cuentan con voceros económicos, como el ex viceministro de Economía Roberto Feletti, que planteó la "radicalización" del populismo económico,[37] y los economistas reunidos en la organización "la Gran Makro" que tiene por objetivo principal estudiar, conceptualizar y difundir los lineamientos estratégicos del modelo económico que, según ellos, se desarrolla en nuestro país desde el 25 de mayo de 2003.

Pero sus ideólogos de cabecera son políticos que prefieren el debate y la confrontación de argumentos en ese terreno. La racionalización del populismo no es casual, es un signo de época que marca la vigencia y la seducción de este discurso en el contexto de las ideas y de la cultura posmoderna.[38]

Ernesto Laclau se ha transformado en un ícono de la razón de

---

36   Sobre la continuidad de las políticas populistas en la Argentina, véase Marcelo ACUÑA, *El corralito populista. De Perón a los Kirchner,* Buenos Aires, EMECE, 2008.

37   Manuel SOLANET, "Feletti y el populismo como ideal", *El Cronista,* 23-05-11 [en línea]. Disponible en: http://www.cronista.com/contenidos/2011/05/23/noticia_0025.html

38   Daniel Gustavo MONTAMAT, "El populismo posmoderno", *La Nación,* 29-06-11 [en línea]. Disponible en: http://www.lanacion.com.ar/1385235-el-populismo-posmoderno

ser del populismo político.[39] Para Laclau, el populismo es "un modo de construir lo político". La lógica populista es por definición cortoplacista, pero produce un "efecto sedante" en toda sociedad en crisis, que la vuelve seductora y, según la ocasión, "útil para evitar males mayores".

La construcción racional es conocida. A partir de la sumatoria de demandas sociales insatisfechas, el populismo divide a la sociedad y convierte a la mayoría en un todo aglutinante que se apropia del concepto "pueblo". Apropiación indebida que, sin embargo, les permite una identificación sectaria con lo popular. El líder, que representa al pueblo y que evita la intermediación propia de los mecanismos institucionales republicanos para articular su relación con el grupo, promete soluciones inmediatas a problemas causados por un "enemigo" interno (el "antipueblo") que representa intereses de un "enemigo" externo (el neoliberalismo, el marxismo, el FMI, los "zurdos", los "yanquis", los inmigrantes, etc.). El enemigo de turno también sirve de excusa a las demoras de resultados, a las postergaciones de planes y a las promesas incumplidas.

El populismo político puede espantar a los que comparten valores republicanos fraguados en los principios del constitucionalismo moderno liberal y el Estado de Derecho, pero resulta edulcorado para quienes se conforman con una democracia formal basada en la regla de la mayoría. Las versiones maniqueas de la realidad a menudo suman adhesiones que se traducen en votos y ganan elecciones. Si enfrentan instituciones débiles y crisis sociales recurrentes, muchas veces degeneran en las denominadas democracias "delegativas"[40] o "prebendarias", que, salvo por los turnos electorales, en nada se parecen a los estereotipos modernos de democracias representativas o participativas. Bajo la lupa de la argumentación moderna, todas las

---

39   Ernesto LACLAU, *La razón Populista,* Buenos Aires, Fondo de Cultura Económica, 2005.

40   La expresión "democracia delegativa" fue acuñado por Guillermo O'Donnell. "Delegative Democracy" [en línea]. Disponible en: http://www.journalofdemocracyenespanol.cl/pdf/odonnell.pdf

variantes de democracia populista no son ni más ni menos que re-encarnaciones de los proyectos corporativos fascistas y reaccionarios de mediados del siglo pasado; reminiscencias de los nacionalismos románticos del siglo XIX.

Si esa explicación fuera suficiente, habría que complementarla con una suerte de fatalismo sociológico: las sociedades, como el hombre, tropiezan varias veces con la misma piedra. Pero el auge populista de principios del siglo XXI tiene más que ver con el presente que con el pasado. El populismo es la nave insignia de la política posmoderna, la política que rige el "imperio de lo efímero" y la construcción de la realidad a partir del relato. La obsesión por ocuparse de las demandas del hoy –del aquí y del ahora–, movilizando pasiones y sentimientos exculpatorios, el pragmatismo exacerbado para brindar soluciones rápidas que no reparan en consecuencias futuras, y el culto a la sensación que domina el presente constituyen una poderosa apelación a eternizar el instante: el proyecto excluyente de la posmodernidad. El populismo político desborda las categorías modernas de derecha e izquierda. La subjetividad del relato permite rectificaciones tácticas según las necesidades del aquí y el ahora. Además, el populismo político ofrece un menú de tenedor libre para que "zurdos" y "fachos" de la modernidad dura puedan convivir al abrigo del mismo proyecto de poder perpetuo.

Haga el lector un rápido paneo en la divisoria de aguas que plantea el relato oficial: va a encontrar que Amado Boudou es "progre" y Hermes Binner "neoliberal", o peor, "narcosocialista". El Fernando Pino Solanas que reacciona a los embates institucionales, tampoco es "progre". Al igual que los (107) diputados y (28) senadores que se comprometieron a no dejar pasar ninguna iniciativa de reforma constitucional, defiende una "democracia liberal y burguesa" de "derecha". En cambio, los gobernadores de provincias feudales identificados con la causa representan la "voluntad general" en democracias delegativas que se reivindican como populares y fingen de "progres". El periodismo crítico queda ubicado como "neoliberal de derecha".

En cambio, los medios oficialistas privados pueden ajustarse al relato por derecha o por izquierda. El relato redime, no importa el pasado; todo devenir se acomoda al presente. Si en el pasado hubo compromisos con gobiernos militares, el vínculo presente con la causa "nacional y popular" exculpa y purifica. De lo contrario, corresponde el sayo de "genocida reaccionario". Si integró el gobierno de Menem o de la Alianza y hoy milita en las filas oficialistas del Frente para la Victoria es un "cuadro" respetado por sus condiciones técnicas y/o políticas.

Descalificando a todo aquello que no coincida con el relato oficial, aun cuando exista una coincidencia parcial, la adhesión debe ser absoluta.

También el populismo económico despliega una dialéctica argumental buscando su razón de ser. La captura de rentas (flujos de ingresos con ganancias consideradas extraordinarias) y la apropiación de stocks (acumulados mediante el proceso de ahorro-inversión) con el fin de acelerar la redistribución de ingresos no cuentan con apologetas ortodoxos, pero estas políticas concitan adhesiones en un buen número de economistas heterodoxos. Argumentan que las fallas del mercado, reconocidas por el consenso de la profesión, afectan la distribución de la riqueza y reducen el bienestar de la sociedad. Propician corregir esas fallas con intervenciones activas en las políticas de ingreso para mejorar la condición de los menos aventajados. Las regulaciones y las políticas de ingreso correctivas habilitan al Gobierno a interferir en el sistema de precios, que se asume distorsionado, y a apropiarse de las rentas (consideradas beneficios extraordinarios por encima de los normales), empezando por las de los recursos naturales (agro, petróleo, minería). La crítica generalizada al populismo económico también abreva en concepciones económicas modernas. Desde el verdadero progresismo, puede argumentarse que el proceso de desacumulación de stocks y el reparto de rentas presentes no es sostenible en el tiempo y violenta el tercer principio de justicia social formulado por John Rawls: el principio "de ahorro justo", lo que la generación presente está obligada a dejar para los que vienen, es decir, la justicia intergeneracional.[41] Paul Krugman sostiene que el populismo económico se caracteriza por los excesos monetarios y fiscales.[42] Sus programas asumen la quimera del financiamiento externo irrestricto (que termina en *default* y devaluación) o la quimera de la emisión monetaria irrestricta (que termina en hiperinflación y devaluación). Sucede que las rentas extraordinarias van desapareciendo, los stocks acumulados se depredan, lo que obliga a reinvertir para reponerlos (sucede entre nosotros con el stock ganadero, el petrolero y el previsional, entre otros), y las políticas redistributivas dependientes de ellos se quedan sin financiamiento o se hacen - adictivas del financiamiento inflacionario. Hasta que la realidad se impone en formato de crisis. La reiteración de los ciclos de ilusión y desencanto populista del pasado también hace difícil entender el auge del populismo económico en el presente. Por eso, como en la dimensión política, hay que interpretar el fenómeno económico populista a la luz de las ideas planteadas en los capítulos previos.

La economía posmoderna se caracteriza por promover el consumo existencial, el consumo para ser (el consumo para "parecer" todavía es moderno); un consumo bulímico que no repara en las condiciones de sustentabilidad. Para el consumidor posmoderno, la gratificación del instante presente no es intercambiable con ningún diferimiento de consumo para el futuro (ahorro), a pesar de las restricciones presupuestarias que existen y aunque el crédito esté sobregirado. Ese consumo es consustancial con la depredación de stocks acumulados y con el uso de flujos extraordinarios para atender demandas presentes sin tener en cuenta las consecuencias futuras.

La redistribución en clave posmoderna ya no es un objetivo de justicia social, sino un medio (un pretexto) para alentar sensaciones

---

41   John RAWLS, *Teoría de la Justicia*. México, Fondo de Cultura Económica, reimpresión, 2010, pp. 265 y ss.

42   Paul KRUGMAN, *De vuelta a la economía de la gran depresión y la crisis del 2008,* Colombia, Grupo Editorial Norma, 2009, pp. 41 y ss.

de consumo efímero, desigual y clientelar para muchos, pero anestésico en la angustia del instante presente. El populismo en clave moderna se anatemizaba como "pan para hoy, hambre para mañana"; en la posmodernidad es pan para hoy, no existe el mañana.

Los neopopulismos han renovado su vigencia por su empatía con la cultura líquida, pero detrás de sus ideas políticas y económicas subyace una trama institucional que desnuda sus pretensiones de poder perpetuo. Los turnos electorales son contiendas plebiscitarias entre el "pueblo" y el "antipueblo", para validar las "mayorías" en el poder. Como la elección plebiscitaria busca consolidar la continuidad hegemónica, el gobierno necesita apoderarse del Estado para asegurarse el resultado en contiendas desiguales y con opositores de ocasión reducidos a roles testimoniales. La apropiación del Estado por el Gobierno genera una institucionalidad tendiente a eliminar el equilibrio de poderes y el federalismo (leyes de emergencia de duración indefinida, decretos de necesidad y urgencia, facultades delegadas, licuación de controles, condicionamientos a la justicia, prensa militante, etc.). Esa deriva institucional política, tiene su contracara en una institucionalidad económica que privilegia la dádiva clientelar y el capitalismo de amigos. Ambos funcionales a los objetivos políticos. Como los réditos electorales inmediatos del populismo económico tienden a resentirse por la insostenibilidad de sus políticas con el paso del tiempo, el culto a la "ley de la mayoría" necesita reforzar su sesgo autoritario. El populismo empieza por desnaturalizar la República, y termina asfixiando la democracia. Ese tránsito depende de la fortaleza de las instituciones que tiene que cambiar.

El matrimonio entre populismo e ideas posmodernas está globalizado y, como sucede entre nosotros, tiene promotores por derecha y por izquierda. Sus manifestaciones políticas y su arraigo social dependen de la fortaleza institucional del medio en que actúa. No es un fenómeno propio de las economías emergentes o en desarrollo, también cunde en las economías desarrolladas.

• ¿Acaso no fueron populistas las políticas de Bush y de Greenspan, ambos conservadores, cuando exacerbaron el consumo americano con shocks fiscales y monetarios tras el atentado a las torres gemelas?

La burbuja inmobiliaria y la crisis financiera derivada de esa política que estalló en el 2008 fue una crisis de consumo posmoderno, como lo veremos más adelante.[43]

- ¿No fueron las políticas populistas las que predominaron en muchas economías europeas después de que la unión monetaria habilitara el crédito fácil y el financiamiento del consumo presente con consecuencias futuras que hoy están a la vista?
- ¿Podrá Alexis Tsipras, el nuevo primer ministro griego, cumplir sus promesas populistas por izquierda cuando recibió un paciente en terapia por los desbordes populistas por izquierda y derecha de sus antecesores?
- ¿Dónde quedaron los acuerdos vinculantes para reducir las emisiones de gases de efecto invernadero?
- ¿No confluyen líderes de izquierda y derecha en la negación de un problema de consecuencias futuras traumáticas por sus ataduras a la dictadura del presente?
- ¿No ofrecía la gran recesión del 2008 la oportunidad de estimular la demanda agregada mundial con un programa de inversiones de largo plazo que permitiera al mundo globalizado empezar a transitar la senda del desarrollo sustentable?

Son los valores de la cultura líquida los que se resisten a cambiar los patrones de un crecimiento mundial que depreda recursos materiales y ambientales con graves consecuencias sociales.

Son los liderazgos posmodernos los que explican el cinismo con que la clase dirigente de izquierda y de derecha aborda los problemas

---

43   Zygmunt Bauman expresa: "[…] uno de los primeros mensajes transmitidos por el presidente George W. Bush a los estadounidenses, atónitos y estupefactos por la visión del derrumbe de los dos emblemas gemelos del mundo americano, que habían sido perforados por aviones dirigidos por terroristas, fue: 'Vuelvan a salir de compras'. El mensaje debía entenderse como un llamamiento a que se reanudase la vida normal", *op. cit.*, p. 78.

internacionales, evitando toda transacción que involucre resignaciones presentes en aras de un futuro posible. Esto también es populismo cortoplacista. Donde priman los valores posmodernos el futuro no cuenta, pero el presente augura rumbo de colisión.

El éxito del capitalismo para generar niveles de vida más altos siempre dependió de la disposición de los individuos para dejar de lado parte del consumo y del ocio, y utilizar los recursos y el tiempo libre para invertir en plantas y equipos, infraestructura, investigación y desarrollo, y capacitación. Las preferencias modernas hicieron posible, con una combinación de esfuerzo público y privado, la retroalimentación del proceso de inversión y crecimiento. Hoy, frente a la crisis del consumo posmoderno, el esfuerzo público aplicado al largo plazo debe ser mayor. Y debe estar dirigido a las generaciones futuras: las que demandan en el presente un planeta viable en términos de crecimiento demográfico y reducción de la pobreza, y un planeta sustentable en términos de administración de bienes comunes globales (atmósfera y calentamiento global) y uso intensivo de ciertos recursos (energía fósil, agua potable).

Hemos señalado que nuestra civilización vive tiempos de confluencia interoceánica entre las ideas y los valores de la cultura moderna y la posmoderna. Para evitar el naufragio, se hace imprescindible incorporar a la cartografía que hasta ahora ha servido de guía –léase el modelo teórico moderno– los nuevos datos que proporciona la ascendiente cultura posmoderna. Las categorías de la razón moderna ya no sirven para diagnosticar muchos problemas de la realidad política, económica y social de nuestro siglo.

Y sólo a partir de un diagnóstico relevante, el mundo y la Argentina estarán en condiciones de encontrar los liderazgos y los programas de largo plazo para revertir las consecuencias inevitables del colapso al que nos encamina las políticas de la posmodernidad populista. Como veremos, ellas son responsables de la crisis mundial que estalló en el 2008.

SEGUNDA PARTE

Las ideas y la economía

I

2008: la crisis de la economía posmoderna

Quedará registrado como un terremoto financiero con epicentro en Wall Street, pero, en realidad, el crédito fácil retroalimentado por algunos alquimistas de las finanzas fue funcional a un frenesí de consumo que muchos interpretaron como un ciclo de eternas "vacas gordas". Esta crisis financiera es la crisis de la bulimia consumista que caracteriza la economía posmoderna. Si el análisis y el diagnóstico del colapso financiero ignoran la acción corrosiva de las preferencias posmodernas en los fundamentos del sistema capitalista, se corre el riesgo de agravar el problema del 2008, como lo estamos viendo ahora, y propagar un virus para el que el modelo económico moderno no ha desarrollado aún anticuerpos.

"Consumo para reactivar inversión para crecer"

El consumo con características posmodernas predomina en las sociedades más desarrolladas, pero ha empezado a contagiar a todas las economías del planeta, la Argentina incluida. El consenso de la profesión económica acepta que el consumo es clave para reactivar la actividad económica pero que el crecimiento sostenido lo da la inversión. También se acepta que el progreso económico potencia el rol del consumo como motor del nivel de actividad. Lo que requiere mayor análisis es el rol del consumo adictivo de bienes y servicios y su impacto en la dinámica del proceso capitalista.

Hemos destacado que la sociedad globalizada navega confluencias interoceánicas, donde se entremezclan preferencias económicas cimentadas en los valores de la modernidad con preferencias forjadas bajo la influencia de la cultura posmoderna. La disciplina económica, con cartografía de una economía anclada en las preferencias del consumo moderno, fue sorprendida por esta nueva irrupción abrupta de un colapso financiero en la cuna del capitalismo. A las "vacas gordas" les sucedieron "vacas flacas", y terminó predominando la tesis de que el mundo global enfrentaba una crisis clásica de cambio de ciclo, agravada por el efecto expansivo de la explosión financiera.[44] En la descripción del problema, predominaron los argumentos que hacían hincapié en las semejanzas de los síntomas del 2008 con los síntomas de la crisis del 30. De allí el énfasis en no repetir errores terapéuticos de aquel entonces. No había que retardar la inyección de liquidez y había urgencia de sanear las carteras bancarias, de manera de recuperar confianza para pasar a terapia intermedia, y, en última instancia, rediseñar el sistema regulatorio que otra vez fue permisivo a la formación de burbujas especulativas.

Recordemos que el rastreo de los síntomas que derivaron en la crisis se remonta a las hipotecas *subprime* que retroalimentaron el boom inmobiliario en los Estados Unidos. Una suerte de plan "hipotecas para todos" del populismo conservador americano. Por medio de ese mecanismo, una financiera o un banco local ofrecían esas hipotecas a prestatarios deseosos de adquirir una vivienda o de cambiar la que tenían, aunque sus deseos no tuvieran reflejo en su flujo de fondos y, por ende, en la capacidad de repago. Se adquirían y vendían propiedades de la noche a la mañana. La fiebre compradora aumentaba el nivel de actividad de la construcción y se trasladaba a

44   Nouriel ROUBINI and Stephen MIHM, "Crisis Economics: A Crash Course in The Future of Finance", New York, *The Penguin Press,* 2010.

otros rubros del consumo. La retroalimentación del circuito quedaba a cargo de la ingeniería financiera. El prestamista local revendió las hipotecas a un intermediario que armó un paquete con otras compras de hipotecas *subprime*. Esos paquetes de créditos hipotecarios por cobrar fueron partidos y vendidos como bonos corporativos a instituciones que querían obtener mayores rendimientos. Los pagos del comprador primitivo del inmueble se destinaban a cubrir el interés de esos bonos. El cortocircuito empieza cuando el prestatario original que se había sobreendeudado deja de pagar la cuota de la hipoteca y los precios de los inmuebles sobre los que se otorgaban nuevos préstamos o ampliaciones de préstamos anteriores dejan de subir. Sobreviene el colapso del mercado hipotecario, los bonos emitidos pierden valor, los bancos emisores pierden capital, se infecta el mercado inmobiliario, y los bancos ya no saben qué valor tienen sus activos respaldados por hipotecas. Se generalizan las sospechas en el sistema, y, motorizados por las dudas, empiezan los retiros de fondos, la falta de liquidez y la contracción del crédito.[45] La Reserva Federal y otros Bancos Centrales reaccionan inyectando liquidez al sistema, rescatando algunas instituciones en cesación de pagos y permitiendo algunos ejemplos aleccionadores de quiebra (caso Lehman Brothers), para evitar la propagación del llamado "riesgo moral".[46] Cuando se

---

45   Véase la trama de la explosión de la burbuja inmobiliaria en Joseph E. STIGLITZ. *Caída Libre. El Libre Mercado y el hundimiento de la economía mundial,* Buenos Aires, Taurus, 2010, pp. 113 y ss.

46   "El *riesgo moral* es un concepto económico que describe una situación en la que un individuo, aislado de la consecuencia de sus acciones, podría cambiar su comportamiento del que habría tenido si hubiera estado expuesto completamente a las consecuencias de sus acciones. [...] Riesgo moral es uno de los problemas originados por la presencia de información asimétrica y se lo puede modelizar como un Problema del agente-principal". Disponible en: http://es.wikipedia.org/wiki/Riesgo_moral

Cuando los inversores y los bancos presuponen que habrá rescate o salvataje en situaciones de crisis, asumen riesgos mayores que los que asumirían en caso contrario. El concepto de *riesgo moral* nace en la industria aseguradora, cuando, en función de la cobertura de la póliza, el asegurado adopta conductas riesgosas a sabiendas de que sus consecuencias no recaerán sobre él.

advierte el alcance sistémico del derrumbe, el Estado americano, como último garante del contrato social, debe asumir la limpieza de los patrimonios bancarios con una operación de rescate en la que compromete 700.000 millones de dólares (el Tesoro ya había puesto antes más de 300.000).

La historia clínica estaría incompleta si no se relacionara la liquidez mundial de la década, el crédito fácil y la explosión de derivados financieros con un consumo exacerbado irresponsablemente para prolongar un ciclo de "vacas gordas", ignorando la influencia de la cultura posmoderna en la formación de preferencias por el consumo adictivo o bulímico.[47]

El consumo es consustancial al desarrollo capitalista y forma parte de la cultura moderna. El consumo agregado, como lo demostró John Maynard Keynes, es el más poderoso motor del crecimiento económico moderno. Lo ha sido en las últimas décadas para los Estados Unidos y otras economías del mundo.

El consumo posmoderno, que empieza a desplazar el consumo moderno en muchas de esas economías, sin embargo, tiene características poco exploradas y muy distorsivas para la dinámica del sistema capitalista en el largo plazo.

La sociedad moderna es una sociedad de consumo, pero de consumo instrumental. El patrón de consumo moderno evolucionó desde los albores del capitalismo hasta el presente. El paso del siglo XIX al siglo XX determinó un cambio de énfasis: de la ética protestante del trabajo duro y el consumo frugal se pasó al proyecto de autorrealización personal en el que, de la mano del marketing y la publicidad, el consumo potenció sus atributos de identidad, imitación y ostentación.[48] Pero detrás del consumo moderno, siguen presentes premisas

---

47   Analizamos este tema y anticipamos la futura crisis del consumo posmoderno años antes, en el 2003, en pleno auge de las "vacas gordas" de la economía mundial. Daniel Gustavo MONTAMAT, *La economía, op. cit.*, pp. 325 y ss.

48   , Thorstein VEBLEN, "The place of Science in Modern Civilization". En: Max Lerner (editor), *The portable Veblen,* New York, Viking Press, 1948. John

de utilitarismo clásico y neoclásico que dan fundamento a decisiones racionales entre consumo presente o ahorro (consumo diferido). Es verdad que las necesidades de consumo fueron evolucionando de una escasez real (alimentación, vestido, vivienda) a una escasez fabricada por el marketing o los medios (tal marca, tal barrio, tal destino). El consumo austero de inicios de la era capitalista devino en consumo de uso, intercambio e identidad, pero siempre preservando la condición accesoria a un proyecto de realización personal. No olvidemos que las preferencias modernas se nutren en el ideal de progreso: el futuro será mejor que el presente. El consumo moderno responde en mayor medida al modelo de cálculo racional de flujo de fondos distribuidos en el tiempo.[49]

El consumo posmoderno, a diferencia del consumo moderno, es un consumo existencial. Es un consumo para "ser", que está asociado a la necesidad de dar sentido al instante posmoderno (recordemos la "deconstrucción" de los metarrelatos modernos). El consumo posmoderno tiene la naturaleza de los consumos adictivos. A semejanza del adicto, el consumidor posmoderno no puede dejar de consumir, porque cada acto o percepción de consumo determina la necesidad de volver a consumir. En el consumidor adictivo, ya no juega la racionalidad consumo presente/consumo diferido, porque las preferencias que orientan su comportamiento se han modelado en la dictadura del presente, que caracteriza la cultura líquida. Hay que surfear la nada, buscar sentido existencial en el devenir (¿Recuerdan a Heráclito?).

Desde la racionalidad moderna, uno puede reaccionar con indignación y desazón frente a esta variante de consumo existencial (vivimos en un mundo con 1000 millones de habitantes en pobreza ex-

Kenneth GALBRAITH, *La Cultura de la Satisfacción*, Buenos Aires, Emecé Editores, 1999. J. K. GALBRAITH, *The Affluent Society*, Cambridge, Ms., The River Side Press, 1958. William H. BRANSON, *Macroeconomic Theory and Policy*, 2.ª ed., New York, Harper & Row, 1979, pp. 183-203.

49   Franco MODIGLIANI y otros, "Life Cycle Theory of Consumption". Citado por William BRANDSON, *Macroeconomic Theory and Policy*, Nueva York, Harper and Row, 1979, pp. 183-203.

trema, que no pueden satisfacer sus necesidades básicas de consumo, y donde la presión sobre los recursos comunes del planeta se hace insostenible) y culpar a la organización económica vigente por los excesos en los que viven algunas sociedades. Es una verdad a medias. Enancado en las preferencias forjadas por los valores de la modernidad, el capitalismo ha producido un desarrollo inédito en la historia humana. Pero los mercados capitalistas se traducen en oferta y demanda, tecnología y preferencias que proyectan valores culturales.

Son los valores de la posmodernidad los que se traducen en preferencias por el consumo existencial o adictivo. Y es la teoría económica que racionaliza la organización económica capitalista la que deberá ajustar la cartografía para navegar las nuevas aguas y evitar otros tsunamis. Con cartografía que releve los accidentes posmodernos, habrá que diseñar los objetivos y los planes de un programa moderno que saque al mundo del atolladero en el que todavía se encuentra.

La raíz de la crisis del 2008 hay que buscarla en la bulimia consumista predominante en la sociedad americana, y a la que el resto del mundo fue funcional. Durante años la economía americana consumió por encima de sus posibilidades, operando como comprador de última instancia de los excedentes comerciales del resto del planeta.

La China y otras economías emergentes financiaron con excedentes de ahorro un verdadero espectáculo de consumo posmoderno.[50] Los Estados Unidos atravesaron un "período de abstinencia", donde

---

50   Quienes intentan explicar la "gran recesión" del 2008 como crisis financiera, argumentan que muchas economías emergentes con excedentes de ahorro (superávit de cuenta corriente) y estructuras financieras deficientes, reciclaron esos fondos a Estados Unidos y otros países occidentales comprando activos denominados en esas monedas extranjeras. Semejante afluencia de capitales generó en los países con ahorro escaso (déficit de cuenta corriente) un exceso de liquidez que el sistema financiero volcó sin mayores controles a la expansión irresponsable del crédito. La expansión del crédito derivó en la inflación de precios de algunos activos como los bienes inmuebles, y la burbuja terminó explotando con la crisis de las hipotecas sub-prime. Para nosotros, en cambio, la secuencia y el orden causal que termina en la crisis y explota en lo financiero, tiene origen económico en la bulimia consumista, según lo hemos explicado.

las políticas monetarias expansivas (quantitative easing) y el boom del gas y el petróleo no convencional han permitido una recuperación paulatina. Pero temo que no hayan terminado de asimilar la lección dada por el atracón de consumo y que vuelvan a realimentar desequilibrios mundiales operando otra vez como consumidor de última instancia. La crisis de la economía posmoderna sigue sacudiendo a Europa (allí también hubo algunos atracones de consumo bulímico aprovechando la bonanza inicial de la unión monetaria) mientras China (en desaceleración) todavía tiene pendiente el encuentro con el efecto expansivo del consumo moderno que teme exacerbar guiada por la mala experiencia japonesa de fines de los ochenta del siglo pasado (otra experiencia de consumo bulímico). Si la economía mundial y la organización capitalista que hoy se impone por doquier no se recuperan sobre bases sólidas, con un desarrollo sustentable que sea consistente con las restricciones materiales, sociales y ambientales del planeta, las nuevas "vacas gordas" que todavía aguardamos desde la "gran recesión" irán perdiendo esperanza de vida.

La economía globalizada deberá incorporar a su curva de aprendizaje la lección de las distorsiones que producen las preferencias posmodernas; y, de ahora en más, habrá que cuidarse tanto del contagio de los virus financieros como del contagio del consumo bulímico. La crisis de la economía posmoderna también implica una crisis de las ideas económicas heredadas de la modernidad.

II

La crisis de las ideas
económicas modernas

Cerca del final de su gran trabajo, *Teoría general de la ocupación, el interés y el dinero,* John Maynard Keynes hizo una hábil observación sobre la conexión que existe entre el trabajo de los economistas, a menudo muy técnico, y el mundo práctico de la elaboración de políticas económicas. Keynes lo presenta en un pasaje citado frecuentemente:

> *[...] las ideas de los economistas y filósofos políticos, tanto cuando están acertados como cuando están equivocados, son más poderosas de lo que comúnmente se entiende. En efecto, el mundo se rige por poco más que ellas. Los hombres prácticos, que creen estar completamente exentos de todas las influencias intelectuales, usualmente son esclavos de algún difunto economista. Los maniáticos de la autoridad, que oyen voces por todas partes, extraen su frenesí de algún escritorzuelo académico de unos años atrás. Estoy seguro de que el poder de los intereses creados es muy exagerado comparado con la intromisión gradual de las ideas.*

La crisis originada en los grandes desequilibrios económicos mundiales que estalló en el 2008 no ha sido superada, y hay síntomas de que el mundo empieza a padecer las consecuencias de la recidiva de una enfermedad mal diagnosticada y peor tratada.

Disputan diagnóstico y tratamiento escuelas del pensamiento económico tradicional que asumen el presupuesto de racionalidad moderna, cuando, según lo analizamos en el capítulo precedente, estamos frente a una crisis de la economía posmoderna. El debate entre neoliberales y neokeynesianos[51] vuelve a girar en torno a la disyuntiva entre el ajuste económico (austeridad) o el estímulo económico (gasto) como instrumento idóneo para reencauzar expectativas y relanzar el nivel de actividad.

Ya hemos advertido que unos y otros navegan con cartografía moderna aguas interoceánicas donde prevalecen las preferencias de la cultura posmoderna. Sólo una apuesta al desarrollo sustentable con sólidos consensos internacionales y firmes liderazgos podrá reencontrar al mundo con un nuevo período de expansión duradera.

Después de Keynes, la microeconomía (con énfasis en las unidades económicas) y la macroeconomía (con énfasis en el conjunto económico) se constituyeron en dos subdisciplinas.

-Los modelos "micro" postulaban que no podía existir desempleo, pero el desempleo era la piedra angular de la macroeconomía keynesiana.

-La microeconomía hacía hincapié en la eficiencia de los mercados;

-La "macro", en el masivo derroche de recursos en recesiones y depresiones.

-La "micro" contaba con un modelo para racionalizar el fenómeno macroeconómico: el equilibrio general competitivo de León Walras.

---

51   Los neokeynesianos, como su nombre lo indica, se asumen seguidores de John Maynard Keynes. El pensamiento neoliberal no tiene una sino varias figuras emblemáticas. Se podría decir que se asumen seguidores del pensamiento económico neoclásico.

-La "macro" contaba con un modelo para racionalizar los problemas de la "micro": las fallas del mercado (falta de competencia, externalidades, monopolios, información asimétrica).

A mediados de los sesenta del siglo pasado, neokeynesianos (militantes de la "macro") y neoliberales (militantes de la "micro") convergen en una teoría unificada que da lugar al "consenso ortodoxo" de la profesión.[52] La raíz más profunda de ese consenso buscó preservar la premisa de racionalidad clásica en el comportamiento económico. Había que preservar a toda costa el *homo economicus*. Desde entonces, siempre ante una nueva crisis, el andamiaje del consenso profesional vuelve a resquebrajarse y reaparece el viejo debate argumental que se remite a dos prohombres de la teoría económica: John Maynard Keynes (1883-1946) y Arthur Pigou (1877-1959).[53]

Los dos discreparon sobre el diagnóstico y la terapia para superar las crisis cíclicas del capitalismo, pero ninguno puso en riesgo el pilar de racionalidad derivado de las preferencias económicas forjadas en los valores de la modernidad.

La historia del capitalismo muestra ciclos de auge y recesión ("vacas gordas" y "vacas flacas"), pero hasta Keynes la teoría económica aceptaba su inevitabilidad, asumiéndolos como una especie de purga natural del sistema. Joseph Schumpeter decía:

> *La recuperación económica es sólida si proviene de sí misma. Porque cualquier reactivación que se deba sólo a estímulos artificiales deja parte del trabajo de la depresión sin hacer y le agrega un residuo de desajuste sin digerir, un nuevo desajuste propio que debe ser liquidado a su turno, amenazando así los negocios con otra crisis (peor) más adelante.*[54]

---

52   Daniel MONTAMAT, *La retórica, op. cit.*, pp.62 y ss.
53   Gherard Michael AMBROSI, *Keynes, Pigou, and The General Theory. Preliminary version* [en línea], 2009. Disponible en: www.postkeynesian.net/ucamonly/Ambrosi.pdf
54   Joseph A. SHUMPETER, *History of Economic Analysis*, New York, Oxford University Press, 1954.

Cuando a partir de la crisis de 1929 la recesión se transforma en depresión, la idea que expresaba Schumpeter se vuelve social y políticamente inaceptable. Pero Pigou razonaba como Schumpeter.

Para Pigou, el desempleo, acompañado de una baja de precios y de salarios, aumenta el valor de aquella parte de la riqueza que está en forma de dinero o de valores que pueden transformarse en dinero. Esto induce a los sujetos económicos a reducir su nivel de ahorro y a aumentar su nivel de gastos. Al aumentar los gastos (consumo e inversión), aumentan también los precios, la producción y el empleo, lo que ocasiona que todo ello regrese a la posición de plena ocupación de los recursos.

Keynes les objetó a los neoclásicos que se requería una baja masiva de precios para que la economía actuara en la dirección señalada por Pigou. Más tarde los neokeynesianos argumentaron que en una situación deflacionista, se producen expectativas de descenso continuado en los precios que actúan en contra de la expansión de la demanda.

Con otro enfoque racional sobre la relación riqueza y gasto, Keynes creía en las políticas activas para salir cuanto antes de las recesiones ("en el largo plazo estamos todos muertos"). Según su enfoque, la expansión monetaria inyecta liquidez y recrea el crédito, y el activismo fiscal permite recuperar la demanda agregada y salir del pozo. Pero también las ideas de Keynes fueron cuestionadas por Pigou.

Pigou negaba que el gasto público ampliara la producción y el empleo; por el contrario, creía que los trabajos públicos se limitaban a distraer hacia usos públicos unos fondos que, en caso contrario, permanecerían en manos privadas y serían utilizados en actividades más productivas.

Pigou devino un referente de la austeridad como medicina para las crisis; Keynes se transformó en un ícono del gasto expansivo.

Las ideas y las medidas que hoy se discuten en Europa y en los Estados Unidos remiten a aquellos grandes pensadores modernos. Pero el debate elude que el presupuesto de racionalidad keynesiana desestima las políticas procíclicas (en épocas de vacas gordas, hay que ahorrar); y que el presupuesto de racionalidad de Pigou asume expectativas anticipatorias de cuño moderno para relativizar los efectos de los estímulos fiscales y monetarios.

Las políticas procíclicas, hoy dominantes, y las expectativas adaptativas, propias de las sociedades ancladas en el presente, son claves para diagnosticar el problema. Si el diagnóstico no es relevante, si ignora las raíces populistas y posmodernas de la enfermedad, los remedios heredados de la terapia moderna serán paliativos temporales, y el mal volverá agravado.

La novedad teórica que trajo aparejada la gran recesión del 2008 es que algunos miembros destacados de la profesión, George A. Akerlof y Robert J. Shiller, entre otros,[55] empezaron a cuestionar la visión rígida del presupuesto de racionalidad de la teoría moderna. No por rebeldía ideológica, sino por razones prácticas de mejorar la descripción, el pronóstico y la prescripción del modelo teórico.

La escuela de psicología económica *(behavioral economics),* con sus investigaciones sobre las motivaciones del proceso decisorio, empieza a sumar evidencias que ponen en tela de juicio las premisas clásicas de comportamiento racional.[56] Los valores posmodernos de gratificación exacerbada del consumo presente (consumo para "ser" en la cultura posmoderna) influyen en la conducta económica con consecuencias no previstas en los modelos cimentados en las preferencias modernas.

En la *Economía del consumo posmoderno,*[57] planteamos el consumo

---

55   George A. AKERLOF y Robert J. SHILLER, *Animal Spirits. Why human psychology drives the economy, and why it matters for global capitalism,* New Jersey, Priceton University Press, 2009. También Robert J. SHILLER, Irrational Exuberance, 2.ª ed., Princeton, New Jersey, Princeton University Press, 2005.

56   Daniel KAHNEMAN, *Choices, Values and Frames,* Mass., Cambridge University Press, 2000. En el 2002, Daniel Kahneman, un psicólogo de la Universidad de Princeton, recibió por sus investigaciones sobre el comportamiento económico el Premio Nobel de Economía.

57   Daniel MONTAMAT. *La economía, op. cit.,* pp. 40 y ss.

existencial como signo característico de las sociedades que sucumben al imperio de lo efímero y subrayamos los rasgos disfuncionales de ese consumo para la dinámica del modelo capitalista moderno.

El sistema capitalista en el contexto de los valores posmodernos y de las políticas populistas está en crisis. En el capítulo anterior, hemos explicado que la causa de la crisis del 2008 y sus secuelas que llegan hasta el presente hay que buscarla en la bulimia consumista predominante en la sociedad americana, y a la que el resto del mundo fue funcional. Durante años, la economía de los Estados Unidos consumió por encima de sus posibilidades operando como comprador de última instancia de los excedentes comerciales del resto del planeta. China y otras economías emergentes financiaron con excedentes de ahorro una fiesta de consumo existencial. Fue una crisis del neopopulismo conservador que dio riendas sueltas al consumo bulímico.

Neokeynesianos y neoliberales, con distintas políticas (expansivas del gasto, unos; de austeridad y equilibrio, los otros), con más o con menos intervención del Estado, esperan lo mismo: la reactivación del consumo mundial, sin reparar en las restricciones materiales, sociales y ambientales de ese consumo librado a las preferencias posmodernas.

¿Repetiremos por izquierda o por derecha políticas cortoplacistas que agraven los desequilibrios sin tener en cuenta las restricciones que plantea el futuro? Las preferencias posmodernas y sus consecuencias todavía no figuran en la cartografía económica.

Para abordar los serios desequilibrios de la economía mundial, la comunidad internacional debería empezar por asumir que se quedó sin comprador de última instancia y que es inconveniente instituir otro de similares características al que nos llevó a la crisis. Con una revaluación mayor del yuan respecto al dólar, con un euro en una relación cercana al 1 a 1 con el dólar y con un barril de petróleo que cotice en el entorno de los 60 dólares como en el presente, la economía mundial podría recuperar cierto equilibrio. Pero si el reequilibrio mantiene el patrón de producción y crecimiento fundado en el consumo posmoderno, la recuperación será pasajera y la recaída más traumática.

La alternativa en un mundo globalizado dispuesto a concertar políticas y planes con objetivos de corto, de mediano y de largo plazo es el estímulo a la demanda agregada mundial vía programas de inversión que sean consistentes con un nuevo patrón de desarrollo sustentable:[58] inversiones de largo aliento que abreven en una contracultura de lo efímero y honren la justicia social intergeneracional. Pero estos cambios deben ser promovidos por nuevos líderes: líderes modernos consustanciados con los desafíos de un mundo global donde predominan los valores posmodernos. Liderazgos que promuevan una gobernanza global capaz de concertar políticas contracíclicas a nivel mundial, de manera de lidiar con el sesgo cortoplacista que prima en todos los órdenes, producto de la simbiosis entre populismo y posmodernidad.

---

58   La única diferencia que existe entre desarrollo sostenible y desarrollo sustentable es la traducción al español del término inglés; en el caso mexicano, se tradujo como desarrollo sostenible y en otros países de habla hispana como desarrollo sustentable, pero nótese que siempre guarda la misma esencia y significado que se dio en el *Informe Bruntland,* donde se define del siguiente modo: "Satisfacer las necesidades de las generaciones presentes sin comprometer las posibilidades de las del futuro para atender sus propias necesidades." En inglés: "Meet the needs of the present generation without compromising the ability of future generations to meet their own needs." Dicha definición se asumió en el Principio 3.º de la Declaración de Río (1992). Comisión del Desarrollo y Medio Ambiente. Citado en Ramírez, et al, 2004: 55. Comisión Brundtland, Nuestro Futuro Común.

III

La versión líquida del capitalismo oligárquico: El capitalismo de amigos

- ¿Quién invierte en el largo plazo en un contexto dominado por la simbiosis entre el populismo y la posmodernidad?

Hasta los amigos del poder se sienten inseguros en el "imperio de lo efímero". El capitalismo de amigos parte de una petición de principio: quienes detentan el poder permanecerán en él el tiempo suficiente para que puedan recuperar la inversión; además, cumplirán los compromisos que motivaron la decisión de inversión.

La inversión en capital fijo, por las dudas, se descuenta a tasas altas para procurar su recupero en el menor tiempo posible, porque el mayor riesgo es que el *statu quo* que aseguró el nicho para el negocio rentable se desestabilice o colapse. Aunque siempre habrá una nueva oportunidad de negociar con el nuevo poder de turno.

En clave posmoderna, sin embargo, crecen los riesgos porque la protección del poder puede ser más efímera de lo que se imaginaba. Como el poder es eterno presente, sus compromisos y concesiones devienen como el ser.

¿Qué tasa puede cubrir el riesgo del oportunismo del instante?

En el corto plazo, se multiplican las inversiones especulativas, las de menos riesgo, aquellas que maximizan la gratificación del instante presente y que se identifican con el consumo existencial.

El inversor de largo plazo, el que toma riesgos invirtiendo en nuevas plantas, equipos e instalaciones, brilla por su ausencia. Queda el Estado, como inversor de última instancia con contratos de obra pública amañados sin procesos transparentes y competitivos, con licencias y concesiones dirigidas para asegurar audiencias cautivas, incluidas aquellas que como el juego se realimentan de una compulsión. En materia de infraestructura siempre se acude de urgencia para mantener lo imprescindible para prolongar la ilusión populista. Desaparecen los stocks acumulados en otros tiempos, y la inversión en capital fijo, reducida e insuficiente, asfixia el crecimiento. Junto a las preferencias y a los privilegios, la opacidad y la corrupción crean las zonas grises donde los negocios lícitos empiezan a entremezclarse con los ilícitos. El juego y la droga, el negocio de bienes raíces y el lavado de dinero, el comercio formal y el del contrabando.

Tampoco cuenta la calidad de la inversión, de la que depende la productividad global de la economía, ni aquella inversión que se ocupa de la justicia intergeneracional (como la educativa, la previsional y la ambiental).

La simbiosis entre populismo y posmodernidad prohíjan un capitalismo malo, condenado al fracaso e incapaz de articular un proceso de desarrollo económico y social.

En el libro *Good Capitalism, Bad Capitalism, and the Economics of Growth and Prosperity*, Baumol y otros[59] analizan las distintas formas de organización capitalista que han adoptado las sociedades que han alcanzado el desarrollo económico y social.

El **"capitalismo empresarial"**, con mucha participación de empresas privadas inclinadas a la innovación y un Estado más concentrado en sus roles de garantizar la competencia y regular las fallas

---

59   William J. BAUMOL, Robert E. LITAN y Carl J. SCHRAMM, *Good Capitalism, Bad Capitalism and the Economics of Growth and Prosperity*, London & New Haven, Yale University Press, 2007.

del mercado. Este tipo de capitalismo es más característico de las sociedades anglosajonas.

El **"capitalismo de grandes corporaciones"** (incluidas algunas estatales), que se han proyectado a los mercados mundiales a partir de una plataforma doméstica, con un Estado activo en el diseño y la promoción de políticas comerciales e industriales, es más característico de la Europa Continental y el Japón.

El **"capitalismo guiado por el Estado",** en el que las políticas públicas escogen los sectores industriales por desarrollar; la banca pública orienta el crédito, y un entramado de empresas públicas y privadas llevan adelante el proyecto productivo. Las etapas iniciales del desarrollo capitalista del sudeste asiático respondieron a este modelo.

El **"capitalismo oligárquico"**, que ha proliferado por doquier a partir de la implosión de la planificación centralizada del estilo soviético y que, a diferencia de los otros tipos, no puede exhibir un solo ejemplo de desarrollo exitoso. Algunos lo confunden con la variante del capitalismo guiado por el Estado, pero se diferencia de éste porque sus objetivos no están puestos en el desarrollo sino en la preservación de un poder concentrado, autocrático y consustanciado con un estrecho núcleo de intereses dominantes.

Los autores lo estigmatizan como "capitalismo malo", a diferencia de los otros casos de "capitalismo bueno", y lo acusan del fracaso de muchas sociedades sumidas en la frustración económica y social. Este capitalismo de amigos, que no conduce al crecimiento ni a la prosperidad, es característico de las experiencias fallidas de muchos países de América Latina, de algunas repúblicas de la antigua Unión Soviética y de países del Medio Oriente y de África. Rige en ellos la propiedad privada y hay empresas, pero las empresas son funcionales al poder de turno o son empresas de los amigos del poder.

La cultura productiva es sustituida por una cultura rentista que concentra el ingreso y acrecienta las desigualdades. Como consecuencia, crecen la informalidad, la burocracia parasitaria y la corrupción. Los que logran excedentes en el capitalismo oligárquico los acumulan afuera, lejos del oportunismo que pudo haberlos beneficiado. Este tipo de capitalismo también es conocido como *crony capitalism* (capitalismo de compinches).

Si es por las impresiones –diría Hume–, uno tendería a asociar el capitalismo oligárquico con las experiencias traumáticas de muchas dictaduras de derecha del pasado latinoamericano, en las que las "repúblicas bananeras" representaban el grotesco. Pero todo se recicla, y la novedad es que el capitalismo malo hoy está presente en envase populista y posmoderno.

Es un capitalismo proteico,[60] de amigos cambiantes, que disimula su vocación autoritaria tras la fachada de una "democracia plebiscitaria".[61]

- ¿No es el espejo en el que se refleja hoy el capitalismo argentino?

En su esquema sofista, estos nuevos capitalistas posmodernos empiezan por sustituir sus diatribas contra la propiedad por la retórica antiempresa; o, si es posible, antiempresarial (con nombre y apellido).

No repudian las ganancias, pero se sienten convocados, en nombre de la justicia distributiva generacional, a capturar las rentas de los recursos naturales (aunque después convaliden rentas monopólicas con licencias y exclusiones).

---

60   "En la mitología griega, Proteo (en griego antiguo, Πρωτεύς *Prôteús*) es un antiguo dios del mar, una de las varias deidades llamadas por Homero en la Odisea 'anciano hombre del mar' *(halios geron)*, cuyo nombre sugiere el 'primero', como protogono *(πρωτόγονος)* es el 'primordial' o 'primogénito'. Se convirtió en hijo de Poseidón en la teogonía olímpica, o de Nereo y Doris, o de Océano y una náyade, y fue hecho pastor de las manadas de focas de Poseidón, el gran león marino en el centro del harén. Podía predecir el futuro y cambiaba de forma. De aquí proceden el sustantivo 'proteo' y el adjetivo 'proteico', que aluden a quien cambia frecuentemente de opiniones y afectos". Disponible en: http://es.wikipedia.org/wiki/Proteo

61   Desde hace algunos años, en la ciencia política latinoamericana, se usa la expresión "democracia plebiscitaria" para calificar a los gobiernos que, justificándose detrás de una relación directa con el pueblo, pasan por encima de instituciones y procedimientos.

La captura de la renta de los recursos naturales (agricultura, petróleo, minería) es el paso inicial para consolidar una estructura política clientelar y vestir de apoyo popular el proyecto autocrático de capitalismo de amigos.

Pero la apropiación de renta no implica necesariamente un cambio de propiedad (estatización), salvo presiones sociales extremas para que esto ocurra, o exigencias de acomodar el relato a las demandas de cada día. Prefieren empresas privadas que sirvan de pantalla y apropiarse de la decisión de inversión de estas empresas (vía fideicomisos) para digitar la obra pública entre los amigos. También prefieren las licencias privadas direccionadas para explotar los negocios como el juego y otros donde hay altos costos sociales involucrados.

A no equivocarse, el capitalismo malo también aprendió a desconfiar de la propiedad colectiva y de las burocracias parasitarias, que son parte de las frustraciones de algunas de las variantes del proyecto corporativo moderno.

La segunda consigna es el acoso a los capitalistas más vulnerables al oportunismo del Estado. John Hicks, un Nobel de Economía,[62] destacaba la aversión de los capitalistas a invertir en capital fijo porque "el que invierte en capital fijo entrega rehenes al futuro".

No es casual que esta versión líquida del capitalismo oligárquico evite atacar de entrada al sector financiero. Es consciente de que en la era digital y con la economía globalizada el capital "golondrina" se esfuma de una plaza a otra en cuestión de segundos. Los escogidos para la captura son los que han hundido capital y no pueden relocalizarlo. Allí va el acoso para que vendan o cedan participaciones a los amigos del poder.

Si los activos fijos (caños, redes, cables, plantas, antenas) están en infraestructura relacionada a servicios públicos, cuanto mejor. Allí el discurso antiempresa prende más en la sociedad, sobre todo cuando se martilla la consciencia pública con las ganancias pasadas y la falta

---

62   John R. HICKS, *Theory of Wages*, New York, St. Martin's Press, 1963, p. 183.

de inversiones. Un nuevo fideicomiso se ocupará de las nuevas inversiones que estarán a cargo de empresas amigas.

A su vez, los que hundieron capital sirven como chivos expiatorios de los males presentes y como destinatarios de nuevas exacciones.

No hay una estrategia explícita al estatizar algunas empresas, todo es táctico para someterlas a la organización económica del proyecto de poder. Los que se resisten se van, y en su lugar, aparece una nueva elite empresaria funcional a los dictados del "Príncipe". Pero cuando la estrategia del Príncipe es el poder por el poder mismo, todo es contingente y efímero, también las amistades y los compromisos. Entre los que se quedan, muchos sucumben al conocido "síndrome de Estocolmo", en el que la víctima termina en amoríos con el secuestrador. Tal vez, el medio de sobrevivir y de seguir haciéndose de algunos fondos líquidos en un ambiente de hostilidad y sorpresa.

Por supuesto, hay resistencias aisladas, pero en este campo la excepción no invalida la regla.

En algunos casos se llega a la estatización por default, cuando la empresa privada ya no tiene perspectivas de rentabilidad ni para los amigos de ocasión, y cuando hay que enjugar el déficit operativo con subsidios crecientes que tienen que salir de las arcas públicas. Entonces, la empresa estatizada pasa a ser una nueva fuente de empleo y negocios para amigos.

Tampoco hay que confundirse, estos nuevos capitalistas también tienen en claro que las empresas deficitarias y subsidiadas comprometen recursos presupuestarios escasos que tarde o temprano compiten con los subsidios imprescindibles de la estructura clientelar.

El financiamiento del déficit de las cuentas públicas con creciente emisión inflacionaria puede desestabilizar todo (aunque se digiten los índices de precios). Por eso, si caen los ingresos de apropiación de renta, hay que capturar nuevos ahorros o subir los impuestos. En lo posible, evitar el endeudamiento si está ligado a controles.

Muchos "progres" de la "vieja ola" (es decir, modernos) no terminan de comprender el nuevo capitalismo oligárquico, y les llama la atención por qué muchos compañeros de militancia ideológica asumen responsabilidades de comando en empresas que siguen bajo propiedad privada o con control del estado pero bajo estructura comercial de sociedad anónima. Toda una herejía para los más ortodoxos ideologizados en los metarrelatos colectivistas de la razón moderna. Algún sociólogo tendrá que ocuparse de los nuevos oligarcas de la Argentina populista y posmoderna.

El fracaso del capitalismo populista y posmoderno empieza a ser manifiesto en el mundo y en la Argentina. Entre nosotros, la descapitalización de los sectores de infraestructura y energía es indisimulable. Ya presenta ejemplos luctuosos, como la tragedia de Once. Menos accesible al sentido común, pero de igual gravedad, es la descapitalización del sistema previsional. Estamos acumulando pasivos futuros de magnitudes siderales.

La versión líquida del capitalismo oligárquico no cierra ni por acumulación ni por distribución. Retroalimenta una cultura rentista y desigualitaria. La Argentina del "capitalismo malo" seguirá en el plano inclinado; mientras Brasil, Chile y Uruguay, organizados ya en las otras variantes del "capitalismo bueno", se han convertido en las nuevas referencias regionales de desarrollo económico y social.

El capitalismo malo seguirá entre nosotros mientras sigamos sometidos a la institucionalidad populista.

Douglas North[63] revalidó en la teoría económica el rol fundamental de las instituciones en el proceso de desarrollo. Las instituciones son las reglas de juego ideadas por el hombre para regir la interacción humana en sociedad. Tendemos a identificar las instituciones con las normas y los poderes constituidos para crearlas, ejecutarlas y aplicarlas. Esas son las instituciones formales (poderes del estado, organismos estatales, códigos, leyes); pero North destaca la importancia relativa de las informales (usos, prácticas sociales, normas consuetudinarias, organizaciones informales) en el tramado institucional que condiciona el proceso de desarrollo económico de una sociedad. Los

---

63   Douglas NORTH

microclimas institucionales generadores de confianza, donde se reducen los "costos de negociación" que genera el proceso de intercambio (costos de conocer el objeto de la transacción y de hacer cumplir compulsivamente el acuerdo sobre el objeto) favorecen el desarrollo. Por el contrario, las instituciones que imponen altos "costos de transacción" (concepto equivalente desarrollado antes por Ronald Coase) deprimen el clima de negocios y frenan el desarrollo. North se inclina a aceptar cierto determinismo evolutivo en la historia institucional favorable al desarrollo. "Guerras, revoluciones, conquistas y desastres naturales son fuentes de un cambio institucional discontinuo…el punto más importante que debemos captar es que el cambio institucional es abrumadoramente incremental" (Instituciones…). Acemoglu y Robinson[64], otros exponentes del nuevo institucionalismo económico, son más escépticos. Creen que las instituciones económicas dan forma a los incentivos económicos, pero es el proceso político el que determina bajo qué instituciones económicas se vivirá; y son las instituciones políticas las que determinan cómo funciona el proceso de desarrollo. Para ellos no hay determinismo, el futuro está abierto, y el fracaso o el éxito del desarrollo de las naciones dependen de la interacción entre las instituciones políticas y las económicas. Cuando las instituciones políticas son inclusivas y son catalizadoras de instituciones económicas también inclusivas, la evolución conduce al desarrollo económico y social. Si las instituciones políticas no son inclusivas (las llaman "extractivas") e interactúan con instituciones económicas también extractivas, no hay posibilidades de desarrollo. La interacción de instituciones políticas no inclusivas con instituciones económicas inclusivas, o viceversa, genera situaciones inestables de pronóstico reservado y final abierto. Una misma sociedad (con raíces culturales comunes) sujeta a arreglos institucionales diferentes tiene distintas experiencias de desarrollo económico y social. El ejemplo de las dos Coreas es paradigmático. Corea del Sur está entre

---

64   ACEMOGLU, Daron y James A. ROBINSON, Por qué fracasan los países. Ariel .Buenos Aires. 2013

las experiencias de capitalismo bueno y ha accedido a las primeras posiciones en el concierto de las naciones. Corea del Norte se debate entre el hambre y la dictadura.

El bagaje conceptual de la escuela económica institucional es útil para deconstruir la matriz populista argentina. Podemos resumir, empezando por el final:

1) Que no estamos condenados al populismo por cultura;
2) Que el cepo populista argentino arraiga más en las instituciones informales que en las formales.
 3) Que el nudo gordiano de la trama institucional populista está en nuestras instituciones políticas, que a su vez condicionan las instituciones económicas y determinan los incentivos que mueven las decisiones en la economía.

Para probar que la cultura no nos condena basta investigar en nuestra propia historia los puntos de inflexión institucional que tuvo el país y abrevar en la experiencia comparada de nuestros vecinos de la región. El desafío es conjugar la institucionalidad republicana con instituciones económicas inclusivas que nos un permitan desarrollo exitoso. De eso hablamos en los próximos capítulos, pero antes, una última incursión en una de las debilidades más manifiestas de la versión líquida del capitalismo de amigos: la inversión en infraestructura.

IV

La inversión en capital fijo: El talón de Aquiles

La infraestructura de transporte, energía, agua y telecomunicaciones tiene altos costos fijos de capital. Mientras existe capacidad en el sistema, el costo de proveer unidades adicionales es bajo en relación con el costo total. El problema viene cuando las redes se saturan, las reservas de hidrocarburos se agotan o la capacidad de la infraestructura llega a su límite y hay que hacer frente a nuevos y altos costos fijos.

- ¿Quién hace las inversiones en estos bienes de capital durable?
- ¿Cómo se financian?
- ¿Quién las paga?

Las respuestas no son tan sencillas cuando la gratificación exacerbada de las sensaciones de consumo presente no se compadece con las inversiones que requiere la sustentabilidad del crecimiento de largo plazo.

Los 14 millones de personas que viven en la Capital Federal y en el Conurbano Bonaerense (GBA) pagan una ínfima parte del costo de producción del gas natural, agua y servicios sanitarios, electricidad, colectivos, subtes y demás servicios públicos.

El resto del costo de los servicios públicos los pagamos todos, dado que el Estado le saca dinero al conjunto de la población para otorgar subsidios a las empresas que brindan esos bienes o servicios, para que así puedan venderlos a un 40%, 50% o hasta 90% por debajo del costo. Los subsidios también existen en el resto del país, pero en menor medida. Solo en petróleo estamos pagando más que el precio internacional, por la caída que ha tenido en el último año el precio respectivo, pero durante años también tuvimos precios internos de petróleo y combustibles por debajo de los precios internacionales. La política populista puso precios políticos a los servicios públicos y logró bajar el monto de estos gastos dentro de la canasta familiar de un 14% que representaban normalmente a solo 4% desde el inicio de su gestión, en 2003.

Este abaratamiento político de los servicios públicos significó un gran poder de compra adicional para la gente, que les permitió aumentar la demanda real de otros consumos, política insostenible en el largo plazo, pero que tuvo réditos electorales en sucesivas votaciones. El Gobierno, después de dos períodos en el poder, lo que normalmente desgasta, sacó un extraordinario 54% de los votos válidos. Ese poder de compra adicional que brindaron precios y tarifas de una infraestructura que no recuperaba sus costos económicos estuvo además potenciado por la facilidad de crédito con tarjetas y préstamos personales para comprar en shoppings, supermercados y comercios en general a tasas negativas y hasta en 60 cuotas sin interés. Toda una promoción consumista que tarde o temprano iba a mostrar sus debilidades intrínsecas.

Ya hace varios años que los servicios públicos están exhaustos, que los cortes de luz se han transformado en una fotografía habitual, que la oferta local es insuficiente porque se desalentó la inversión, y que el sector de infraestructura se ha transformado en un cuello de botella para el desarrollo económico.

Hemos tenido que dejar de crecer en los últimos 3 años para importar menos energía puesto que este rubro del comercio exterior nos consumió alrededor de u$s 12,500 millones por año en importaciones, y la proyección de reservas en el Banco Central, que venían bajando rápidamente, no daba para sostenerlo.

Se forzó la prolongación de esta política poniendo el cepo cambiario para ahorrar divisas y la autorización previa de cada una de las importaciones (DJAI) por el mismo motivo, pero al costo de impulsar una gran inflación por el déficit fiscal causado por los enormes subsidios (entre otras cosas) financiados con emisión monetaria.

Se frenó el incremento del tipo de cambio oficial para moderar la inflación con una especie de freno de mano (retraso cambiario) pero al costo de hacer caer las exportaciones, las que bajaron de u$s 82.000 millones en 2013, a u$s 72.000 millones en 2014 y a solo u$s 63.000 millones estimadas para el 2015. Un clásico de las políticas populistas: agotan los activos fijos más expuestos a la intervención discrecional de corto plazo (el capital de infraestructura y las reservas de petróleo y gas si las hubiere) y a partir de allí vuelven indisimulables la traba estructural al crecimiento.

El concepto de costo económico no es de sentido común y ha evolucionado en las distintas etapas del desarrollo del capitalismo.

El contador trabaja costos variables y fijos de un proyecto con una visión histórica; el economista habla de costos económicos pensando en usos alternativos presentes para los recursos comprometidos en ese proyecto (costo de oportunidad). Ronald Coase lo graficaba con un ejemplo simple: un contador diría que el costo de una máquina es la depreciación de la máquina. El economista diría que el costo de la máquina es el más alto de los ingresos que se podría obtener del empleo de la máquina en un uso alternativo.[65] Si la máquina no tiene uso alternativo, su costo económico es cero, aunque esté nueva y el precio de adquirirla en el mercado sea alto. A su vez, si se analiza el costo de producir una unidad adicional con esa máquina, el contador piensa en el costo medio total (costo fijo más costo variable dividido el total de unidades producidas); el economista, en cambio, piensa en

---

65   Ronald H. COASE, *Business Organization and the Accountant,* Londres, Solomons Ed., 1938, p. 124.

el costo marginal (costo adicional de producir esa nueva unidad, que se asocia al egreso operativo de la máquina en actividad, mientras no se necesite comprar una nueva máquina). En los orígenes de la disciplina económica, sin embargo, cuando el capitalismo estaba en pañales (siglo XVII), el enfoque contable sobre los costos tenía una influencia determinante sobre el enfoque económico. Pero el enfoque contable del capitalismo mercantil todavía no se hacía cargo de los costos de capital.[66] La contabilidad nació como herramienta del comercio, y como en esa actividad no había grandes inversiones en capital fijo, los principios originales de la contabilidad ignoraban los costos de amortización del capital.[67]

El foco en los costos variables y operativos en la antigua práctica contable fue decisivo en la cristalización del concepto de costos marginales, fundamento de la teoría de la competencia perfecta. Pero la práctica contable tuvo que actualizar sus principios y asumir la depreciación del capital cuando sobrevino la crisis de los ferrocarriles en los Estados Unidos en el siglo XIX, en plena etapa del capitalismo industrial (hasta allí la contabilidad podía mostrar ganancias que ignoraban la necesidad de renovar los activos fijos, y en el caso del ferrocarril, se llegó a competir con tarifas que ni siquiera recuperaban los costos marginales).

A partir de las quiebras ferroviarias derivadas de una competencia predatoria, se cayó en la cuenta de la envergadura que tenían los bienes de capital fijo en los nuevos procesos productivos del sistema capitalista. Era imprescindible incorporar el peso relativo de los costos de capital en los costos totales. Pero la economía siguió atada al concepto de costos marginales y a la identificación primitiva de éstos con los costos variables u operativos.

---

66   Michael PERELMAN, *El fin de la economía*, Barcelona, Ariel Sociedad Económica, 1997, pp. 49 y ss.

67   Jacques RICHARD, *Comptabilité Générale*, Francia, Dunod, 2008. El autor sostiene que la evolución de la disciplina contable coincide con los distintos estadios del capitalismo y las correspondientes prácticas de distribuir dividendos a los accionistas de la empresa.

La teoría económica de cuño ortodoxo enseña que en condiciones de competencia los precios bajan hasta igualar estos costos, aun cuando los costos marginales impongan un rigor de corto plazo refractario a considerar los costos del capital de larga vida.

Por un lado, la economía ortodoxa exalta la inversión en capital como uno de los pilares del crecimiento; pero, por otro lado, privilegia un enfoque marginalista de corto plazo que, en aras de la competencia, dificulta la decisión de inversión en industrias capital intensivas. De allí que muchos heterodoxos que no creen en el supuesto de la competencia de los mercados también sean suspicaces sobre los mecanismos para recuperar los costos de capital. Piensan en los acuerdos colusivos y en los precios monopólicos, y concluyen que es necesaria la regulación intervencionista y el estado empresario para abordar el problema.

En el contexto del capitalismo posmoderno, la crisis de la inversión en capital fijo tiende a agudizarse. Por un lado, las prácticas contables que habían asumido la relevancia del capital fijo en el valor de libros de la empresa se han hecho permeables a los nuevos criterios de valorización bursátil de la empresa, que permiten retribuir a los accionistas con dividendos sobre beneficios potenciales[68] de flujos no realizados. Todo un culto al rédito presente en perjuicio de la reinversión de las utilidades para asegurar el capital futuro. Si sumamos a esto el énfasis marginalista de corto plazo seguido por cierto sesgo fundamentalista de la economía de mercado, quedamos a un paso del cóctel populista y posmoderno que ha medrado con el detrimento del capital fijo y es responsable del déficit de inversión de largo plazo.

Bajemos estos conceptos a la realidad de dos de las industrias más capital intensiva de la economía de nuestro siglo: la industria eléctrica y la industria petrolera para ejemplificar en ellas las consecuencias de la saga populista.

---

68   Nos referimos a las normas que en sigla inglesa se identifican como IFRS *(International Financial Reporting Standards).*

En el mundo y en la Argentina, la industria eléctrica es un caso especial dentro de las actividades con grandes inversiones de capital fijo. Tal vez por eso es una de las que más ha sufrido el embate de los neopopulismos.

La industria eléctrica produce, transporta y vende electrones que no se pueden almacenar y que circulan a la velocidad de la luz. La oferta tiene que ajustarse instantáneamente a las necesidades de la demanda, por lo que el sistema debe contar con capacidad de reserva disponible.[69] A su vez, la alta sensibilidad social del suministro eléctrico hace que muchos segmentos de su cadena de valor se caractericen como servicios públicos. Por estas particularidades, en contextos institucionales débiles, la inversión eléctrica depende del Estado o de contratos atados con rentabilidades que aseguran su rápido recupero.

La aversión a invertir en capital fijo, en general, se magnifica en la industria eléctrica.

Hasta no hace muchos años, la industria eléctrica en la Argentina y en el mundo se organizaba como una estructura integrada verticalmente, fundada en los beneficios de escala. Predominaba la presencia y la inversión de las empresas estatales en el sector. Con la reorganización de la industria y la desintegración de sus segmentos (generación, transporte y distribución), durante los años noventa (el proceso comenzó en los ochenta en Inglaterra), se privatizaron las grandes empresas públicas del sector. Hoy en la Argentina, predomina la presencia y la inversión de las empresas privadas tanto en generación como en transporte y distribución.

En el modelo integrado anterior de gestión pública, por distintas razones políticas, las tarifas dejaron de recuperar costos. Los activos se volvieron obsoletos, bajó la calidad del servicio, y no hubo capacidad de atender nueva demanda. Vino la crisis de fines de los ochenta y la convocatoria a inversores privados.

Las primeras privatizaciones de plantas de generación eléctrica

---

69   Daniel YERGUIN, *The Quest. Energy, Security, and the Remaking of the Modern World,* New York, The Penguin Press, 2011, pp. 347 y ss.

en la Argentina se hicieron con contratos atados que aseguraban demanda y precios. El precio del megavatio de electricidad generada debía asegurar el recupero de los costos fijos. Con el nuevo marco regulatorio y la desintegración vertical de la industria eléctrica, el modelo de gestión privada impuso un marginalismo atenuado.

Se remuneraba la energía, pero también la potencia de las unidades despachadas (los costos fijos). En el transporte, el criterio marginalista puso al desnudo las dificultades del modelo para promover las inversiones en nueva infraestructura[70]. En la distribución, tarifa mediante, las inversiones quedaron sujetas a un régimen que penaliza la falta de suministro. Tampoco estas reglas garantizaron la panacea que muchos imaginaron, pero debe reconocerse que, sobre todo en el segmento de generación de electricidad, atrajeron un importante flujo de nuevas inversiones. Es cierto, los que entraron a tiempo tuvieron ganancias importantes y se beneficiaron de los nuevos enfoques contables flexibles a distribuir beneficios esperados. También es cierto que antes de la crisis devaluatoria de fines del 2001, cuando el Plan Federal de Transporte Eléctrico había sido lanzado para remediar el déficit de inversión en este segmento, muchos generadores ya se quejaban de que los precios mayoristas (entonces libres) no les permitían recuperar los costos de la inversión.

Después de la mega devaluación del 2002 y tras el período de emergencia, cuando la nueva política energética entrampó a este sector capital intensivo en el corto plazo, las inversiones privadas se redujeron al mínimo y el Estado debió salir a las apuradas a sustituir el déficit de capital fijo privado con recursos públicos. Pero como subsiste la indefinición de reglas y las tarifas no recuperan costos, ni el Estado ni las empresas se están ocupando adecuadamente de un capital fijo que ha empezado a degradarse, que exhibe signos de saturación en muchas localidades y que puede declararse impotente

---

70   Hay una interesante tesis sobre el tema del Fernando Nicchi, Asignación de derechos de propiedad sobre la transmisión eléctrica. Eudeba. Facultad de Ingeniería de la Universidad de Buenos Aires. 2013.

de generar y comercializar el electrón adicional cuando el sistema productivo se lo demande.

Las empresas licenciatarias del transporte y la distribución están casi fundidas, al borde de la cesación de pagos, y muchos nuevos inversores que sustituyeron a los que se fueron han experimentado los lazos efímeros del capitalismo de amigos en el contexto del populismo posmoderno. La calidad del servicio se ha deteriorado de manera significativa. Según una investigación de Cippec, los cortes de luz crecieron un 150% en la última década[71]. Recuperar la calidad del servicio eléctrico en número de cortes y duración de las interrupciones que el país tenía en 2003 va a llevar varios años. Es cierto que en la década se construyeron líneas de alta tensión, se terminaron obras pendientes (elevación de la cota de Yaciretá, finalización de Atucha) y se inauguraron centrales nuevas (Campana, Timbúes) pero la inversión adicional siguió de atrás el crecimiento de la demanda.

En el corto plazo, el uso del capital acumulado permite la manipulación de roles entre consumidor de energía y contribuyente tributario disfrazando subsidios a la oferta y a la demanda; pero en el mediano plazo, cuando los costos del capital imponen su rigor insoslayable, el precio del electrón adicional obliga a recuperar los costos totales. Allí vienen los reacomodamientos de precios y de tarifas. Allí viene el desencanto y el desengaño social. Ahora habrá que destinar casi una nueva década para recapitalizar la infraestructura de servicios públicos, sin la cual cualquier proyecto de desarrollo sostenido a largo plazo se vuelve una mera ilusión que termina, como estamos viendo, en el estancamiento inflacionario y en un traumático reacomodamiento de precios relativos. El populismo "nac & pop" también depredó en la Argentina el stock de reservas probadas y no consigue los capitales necesarios para desarrollar Vaca Muerta y el potencial de recursos no convencionales. Pero cuidado, porque otro populismo cortesano de los capitales requeridos puede terminar rifando "la

---

71   Trabajo analizado en la sección de Economía de La Nación. "Sin Infraestructura: la inversión fue menor que en los 80 y los 90". 22-04-15.

vaca"para financiar otra fiesta cortoplacista de prebendas clientelares. Tampoco habrá una estrategia petrolera al servicio de un proyecto de desarrollo económico y social mientras estemos bajo el yugo de la institucionalidad populista.

Ya hemos advertido que por derecha o por izquierda el distribucionismo clientelar centrado en el aparato estatal alterna la apropiación de rentas presentes, y la depredación de stocks acumulados, con apelaciones seductoras al capital y a las privatizaciones de oportunidad para hacerse de recursos extraordinarios. ¿Acaso no pasamos en pocos meses de echar a Repsol por razones de " soberanía energética", a dar la bienvenida a Chevron (que ya estaba instalada) también por razones de "soberanía energética"? La consecuencia de esta dependencia de instrumentos tácticos en la construcción populista del poder es el abuso del intervencionismo discrecional del Estado y el cambio permanente de las reglas y las señales de precios para la inversión productiva.

En el negocio petrolero se discute renta (precios de oportunidad menos costos). La previsibilidad en los mecanismos de apropiación y distribución de esa renta es determinante en el proceso decisorio que conduce a la inversión. El gran problema de la institucionalidad populista con la inversión petrolera es la inconsistencia temporal a la que somete el proceso de apropiación y distribución de la renta, y el uso coyuntural que da a la renta apropiada. Mientras hay renta petrolera a apropiar, las políticas populistas tienden a alterar los mecanismos de distribución comprometidos en el pasado interviniendo los precios y/o fijando más impuestos. Las empresas (estatales o privadas) responden a esas políticas sobreexplotando lo que está en producción y haciendo mínima inversión en reponer reservas. Cuando se acaba la renta porque se depreda el stock de reservas probadas, la institucionalidad populista acude a atraer capitales a las apuradas ofreciendo condiciones excepcionales de apropiación y distribución de la renta futura a los nuevos inversores, que, conocedores de las reincidencias pasadas, descuentan en sus pretensiones las transgresiones porvenir. La renta apropiada por derecha o por izquierda se usa para financiar gasto clientelar. Peor, si la renta es importante porque los recursos a explotar son significativos, el uso corriente de los dólares que ingresan aprecia el valor de la moneda doméstica afectando la competitividad de otras actividades y consolidando estructuras económicas extractivas con fuertes desigualdades sociales.

El ciclo populista que ahora colapsa en el país alteró las reglas de apropiación y distribución de la renta petrolera argentina interviniendo en el sistema de precios y creando retenciones con alícuotas que fueron variando y creciendo en el tiempo. La Argentina perdió el autoabastecimiento y tuvo que importar crecientes cantidades de gas natural y combustibles líquidos a precios internacionales. La renta apropiada en este período se usó para consolidar la continuidad del proyecto político, pero el largo plazo la fue agotando junto a las reservas probadas. La nueva renta de los recursos potenciales como los de Vaca Muerta requiere ingentes inversiones, y se corre el riesgo que el travestismo populista intente seducir a los potenciales inversores aceptando las condiciones del capitalismo más impúdico. Todo para seguir financiando una fiesta prebendaria que nos mantiene en el subdesarrollo y consolida estructuras rentistas.

Vaca Muerta, Los Molles y otros yacimientos de la geología argentina albergan una gran riqueza potencial. 27.000 millones de barriles de petróleo y 147.000 millones de barriles equivalentes de gas natural (según el Informe de la EIA de Estados Unidos). Son 170.000 millones de barriles (bep) en un país cuyas reservas probadas se redujeron a 4.500 millones de barriles en estos años (gas y petróleo). Pero son "reservas técnicamente recuperables" cuyos costos de producción todavía están por verse y pueden volver no comercial un desarrollo, más aún cuando los precios del petróleo en el mundo han caído significativamente. La misma ideología que antes postulaba que con "dos cosechas se arreglaba todo"; ahora se ilusiona con transformar la Vaca Muerta en "Vaca Viva" de la noche a la mañana. Con una economía inestable, con cepo y con atraso cambiario, y con un sector energético sometido a la discrecionalidad cortoplacista, las reservas potenciales de Vaca Muerta seguirán durmiendo el sueño de los tiempos. No habrá desarrollo intensivo. Hay que convocar al capital nacional e internacional para transformar ese potencial en reservas probadas. Pero corremos el peligro que una nueva aventura populista dilapide esa riqueza profundizando las estructuras del capitalismo de amigos, y liquidando –con un peso sobrevaluado- otras actividades productivas generadoras de empleo formal. Por eso, la convocatoria debe tener el marco de una Argentina republicana, que vuelve a poner en valor el futuro, regenerando confianza con un proyecto de desarrollo de largo plazo.

Hemos hecho aterrizar las ideas y el debate de modernidad y posmodernidad a los problemas concretos de la realidad económica y social.

El mundo y la Argentina confrontan los problemas de una crisis del resurgimiento populista en el contexto de la cultura. La crisis golpea liderazgos, instituciones, estructuras sociales…y genera indignados. Confronta la dinámica del sistema capitalista al depredar los stocks y exacerbar las expectativas de corto plazo. Toca ahora referirnos al impacto de estas ideas en la realidad política de nuestros días.

TERCERA PARTE

Las ideas y la política

I

La oportunidad del verdadero progresismo

Hemos afirmado que es imposible diagnosticar y tratar los problemas por los que atraviesa la Argentina y el mundo actual sin entender la confrontación de ideas planteada entre la modernidad y la posmodernidad.

El debate ideológico entre ateos y creyentes, "zurdos" y "fachos", conservadores y liberales, comunistas y capitalistas, neoliberales y neokeynesianos remite a categorías de la razón. Son debates del pensamiento moderno que confrontan paradigmas de los metarrelatos que pujan para dar sentido a la existencia.

Pero el debate que en la actualidad condiciona el porvenir en el nuevo siglo es el que enfrenta las ideas y los valores heredados de la modernidad con las ideas y los valores de la posmodernidad. Este debate permea la realidad, trasciende a los distintos ámbitos sociales y, en última instancia, enfrenta el culto al corto plazo con los desafíos de un futuro posible.

El primer filósofo que desarrolló el concepto de modernidad para referirse a una época fue Hegel.[72] Las expresiones "tiempos moder-

---

72   Fiedrich HEGEL, *Fenomenología del Espíritu*, traducción de De Wenceslao Roces, México, Fondo de Cultura Económica. Disponible en: http://www.libroos.es/

nos", *"neue zeit"*, *"temps moderns"*, *"modern times"* han servido para caracterizar una cultura cuyas raíces pueden retrotraerse hasta el Renacimiento y que se prolongan hasta nuestros días. Tal vez por su contemporaneidad, la génesis de la posmodernidad es más difusa. Muchos intelectuales de la modernidad líquida toman como hito de referencia histórica el Mayo Francés, de 1968. De allí provienen Jean François Lyotard, Gilles Lipovetsky, Micheil Leiris, Bernard-Henri Lévy y Jean Baudrillard, entre otros. Hemos destacado que las raíces del pensamiento posmoderno se remontan al revisionismo de Federico Nietzsche (1844-1900) y tienen como hito contemporáneo a Michel Foucault (1926-1984). Recordemos que uno advirtió sobre la "muerte de Dios"; el otro, sobre la "muerte del hombre".[73]

En los capítulos donde explicamos la "batalla de las ideas", destacamos que el pensamiento moderno abreva en la metafísica del ser de Parménides; un ser inteligible que, con sus atributos (único, inmóvil, ilimitado, inmutable, eterno), ha constituido la savia de los metarrelatos religiosos y racionalistas, que, a través de veinticinco siglos de historia, han procurado dar sentido y explicación a la existencia del ser humano como sujeto en el mundo y en la historia.

La posmodernidad, dijimos, es una vuelta, un retorno a Heráclito, para quien no hay un ser estático y trascendente. El existir es un perpetuo cambiar, un estar constantemente siendo y no siendo; un ser y dejar de ser en el instante. Cuando el pensamiento moderno debió enfrentar esta "huida de la razón"[74] por parte de los posmodernos, la primera reacción fue la descalificación: el pensamiento posmoderno era "absurdo" e "irracional".[75] Sin embargo, la renovada "racionalidad

---

73   Daniel Gustavo MONTAMAT, *La economía del consumo posmoderno, op. cit.*, pp. 36-37.
74   Francis SHAEFFER, *Huyendo de la razón*, Barcelona, Ediciones Certeza, 1969.
75   Recordemos que Foucault sostuvo, parafraseando a Hegel, que "todo lo real es irracional, y lo irracional es real". Hegel, con la pretensión de coronar un sistema racional explicativo de toda la realidad presente e histórica había sostenido que "todo lo racional es real, y lo real es racional".

de lo efímero" (o del devenir) floreció y ganó audiencias en la medida que la modernidad, con su monopolio de la razón y su proyecto de futuro, empezaba a exhibir una brecha notoria y creciente entre las expectativas generadas y los resultados alcanzados.[76] Además, los excesos cometidos en nombre de dogmas religiosos o racionalistas abonaron el escepticismo y la crítica a la herencia moderna.

La "deconstrucción" de los metarrelatos con pretensiones explicativas del ser libera al sujeto, pero al mismo tiempo lo desestructura. Nietzsche advirtió que, a consecuencia de ello, aumentaría la angustia existencial en el individuo y en la sociedad.[77] Había que aprender a navegar la nada. El "superhombre" de Nietzsche es, al fin y al cabo, el que está en condiciones de surfear el devenir, de encontrar sentido existencial en el instante presente.[78]

La posmodernidad sustituyó el proyecto moderno con su ideal de progreso por una suerte de "no" proyecto ocupado del presente, que se convirtió en la religión de lo efímero.

La sociedad posmoderna ha generado y promovido un caleidoscopio de experiencias y sensaciones para convivir con lo efímero: el consumo bulímico o existencial (para ser) encabeza la lista.

La sociedad posmoderna requiere e impone liderazgos oportunistas, consustanciados con el instante de poder presente y refractario a proyectos sujetos a rendimientos futuros. Para maximizar la gratificación del instante presente, la cultura posmoderna ha encontrado un vehículo político en las ideas populistas.

Al referirnos a la simbiosis entre populismo y posmodernidad, destacamos que ambos operan sobre la experiencia y las sensaciones y rinden culto al corto plazo. La simbiosis ha retroalimentado el arraigo social de ambos.

---

76   Martín HOPENHAYN, *Después del nihilismo. De Nietzsche a Foucault*, Santiago de Chile, Editorial Andrés Bello, 1997, pp. 14 y ss.
77   Federico NIETZSCHE, *Así habló Zaratustra*, traducción de Andrés Sánchez Pascual, 8.ª ed., Madrid, Alianza, 1980, pp. 384 y ss.
78   Franco VOLPI, *El nihilismo*, traducción de Cristina I. del Rosso y Alejandro G. Vigo, Buenos Aires, Editorial Biblos, 2005, pp. 66-67.

La ilusión populista capitaliza una crisis pero siempre nace con el desencanto futuro a cuestas, porque en su código genético está el corto plazo. Suma tanto corto plazo que el futuro se viene encima y empiezan a aparecer los conejos muertos de la galera. Frente al futuro, el populismo antiguo, el del "pan y circo" en Roma, exacerbaba el circo para disimular la escasez de pan sobreviniente. El populismo moderno, el de "pan para hoy y hambre para mañana" enfrentaba las restricciones presentes alimentando nuevos espejismos para el porvenir, mientras consolidaba la estructura de poder. Carlos Marx hace una aguda crítica a las políticas del sobrino de Napoleón Bonaparte, que termina dando un golpe contra la República (2-12-1851) en nombre del "pueblo". El bonapartismo (populismo moderno) sostiene "…está obligado a constituir una casta artificial junto a las clases verdaderas de la sociedad, una casta para la cual mantener su dominio es cuestión de cuchillo y tenedor"[79]. El populismo posmoderno del siglo XXI, el de "pan para hoy, no hay mañana", siembra ahora en un terreno de humores y sensaciones mutantes, que potencia las adhesiones cuando hay bonanza, y acelera la diáspora cuando vienen las vacas flacas. Gianni Vattimo, un posmoderno que presume de simpatías con las ideas populistas, explica que el "pensamiento débil" de la cultura "líquida" no genera pasiones duraderas, y que el colectivo "pueblo" al que siempre se apela, ahora corresponde la adulación con adhesiones más efímeras que las de antes[80]. La posmodernidad ha exacerbado el devenir del ciclo de ilusión y desencanto, por eso los neopopulismos también han acelerado el travestismo del relato presente a las cambiantes expectativas de las "mayorías" populares.

El populismo posmoderno hoy cruza transversalmente todos los partidos políticos, los de derecha y los de izquierda; a veces, se mimetiza de conservador, y a veces, de pseudo-progresista. Los partidarios del

---

79   Karl MARX. El Dieciocho Brumario de Luis Bonaparte. Ediciones Libertador. Buenos Aires. 2012. p. 120
80   Modesto Berciano VILLALIBRE. Debate en torno a la posmodernidad. Editorial Síntesis. España. 1998, ps. 176 y ss.

Tea Party y los indignados de Wall Street, por citar un ejemplo, detestan a los banqueros y quieren cerrar la Reserva Federal de los Estados Unidos. Sus coincidencias no abrevan en razones modernas, sino en las sensaciones de hartazgo con el instante presente. Hay izquierdas que representan el proyecto moderno, y hay izquierdas populistas posmodernas. Hay derechas modernas, y hay derechas populistas posmodernas.Hay populistas neoliberales y populistas socializantes.

El diálogo y la búsqueda de consensos para abordar los problemas actuales dividen aguas entre populistas (por derecha o por izquierda) y quienes quieren apuntalar un proyecto de desarrollo y de gobernabilidad institucionalizada ; entre quienes reivindican el proyecto moderno de la razón crítica y el pensamiento plural y quienes se identifican con el pensamiento de la cultura líquida y su menú de tenedor libre, donde conviven fundamentalistas de la razón autoritaria e intelectuales del "pensamiento débil" y de las verdades líquidas. También el debate económico entre neoliberales y neokeynesianos ha sido impregnado por estas ideas (hay neoliberales modernos, y otros que son populistas; y hay neokeynesianos modernos, y otros que son populistas).

El matrimonio entre populismo y posmodernidad tiene su razón de ser; y hasta puede que sea comprensible su auge actual. Pero, como hemos analizado en capítulos precedentes, este matrimonio es responsable de la crisis que hoy padece la política y la economía.

La crisis mundial, todavía no superada, es una crisis de la economía y de la política posmodernas. En lo político, expresa la renuncia a ideales y la falta de proyecto en la que derivó la acumulación de corto plazo y el culto a las sensaciones en el "imperio de lo efímero".[81]

El "no" proyecto del populismo posmoderno y el eterno presente de la "cultura de la satisfacción" están probando sus límites.[82] La sumatoria de cortos plazos ha arrastrado al planeta a problemas que

---

81   La expresión fue acuñada por Gilles LIPOVESKY, *El imperio de lo efímero. La moda y su destino en las sociedades modernas*, Barcelona, Anagrama, 2004.
82   Michel MAFFESOLI, *El instante eterno. El retorno de lo trágico en las sociedades posmodernas,* Buenos Aires, Paidós, 2005, pp. 16 y ss.

comprometen el porvenir; las soluciones presentes ya no pueden ignorar las consecuencias futuras.

Por restricciones materiales, sociales y ambientales, ya no se puede depender del consumo bulímico para superar la crisis y sostener el crecimiento. Sería como cavar para salir del pozo.

El desarrollo sustentable dejó de ser una opción, hoy marca el rumbo y condiciona el presente. Para transformar el crecimiento en desarrollo sustentable hay que "desenergizar" el producto económico mundial y "descarbonizar" el consumo energético. "Desenergizar" la economía y "descarbonizar" la energía usando el sistema de incentivos (precios e impuestos), los acuerdos vinculantes de reducción de gases de efecto invernadero, y los nuevos proyectos de inversión pública que la transformación tecnológica reclama.

Urge concertar políticas a nivel global que se traduzcan en inversiones de largo plazo para consolidar un nuevo patrón de crecimiento y consumo. De allí surgirán nuevas demandas y nuevos empleos.

Urge conciliar los desafíos presentes de la justicia social con las demandas de la justicia social intergeneracional, lo que no sólo compromete planes y programas relacionados con el medio ambiente, sino que también involucra el stock y los flujos previsionales en una población mundial que todavía crece y envejece.

Urge erradicar la pobreza con metas de corto, de mediano y de largo plazo, y con políticas y programas consecuentes. Todo esto requiere reformar y democratizar muchas instituciones internacionales, pero el avance de la gobernanza en el mundo global también debe realizarse con criterio estratégico. Las instituciones financieras internacionales deben alinear sus objetivos de manera que la interdependencia global pueda operar políticas contracíclicas.

- ¿Es posible decidir y obtener resultados en todos estos frentes sin un proyecto de largo plazo?

Un proyecto en el que importa el pasado y se aprende de los errores, y en el que las decisiones presentes se toman teniendo en cuenta el futuro.

Pero la idea de proyecto y de futuro remite de nuevo a la racionalidad moderna, no a la deformada por los vicios del absolutismo dogmático y por los nefastos experimentos de ingeniería social que fueron su consecuencia, sino a la modelada por los límites del constitucionalismo y el Estado de Derecho.

-La racionalidad de la tolerancia y de la democracia plural;

-La del ideal de progreso y de justicia social.

-La de la educación igualadora de oportunidades, la de "m'hijo el dotor" y del ascensor social.

-La del esfuerzo presente en aras de un futuro posible.

Esa modernidad de progreso, pluralismo, respeto a la ley y desarrollo inclusivo es la que deberá incorporar a su visión de futuro los desafíos del siglo XXI y plantear una alternativa a la posmodernidad populista. Esa modernidad progresista es la que debe expresarse en nuevos liderazgos.

Vuelve el turno de los estadistas: aquellos que descuentan el futuro a tasas bajas, porque el futuro tiene para ellos valor presente. Líderes capaces de militar en una contracultura de lo efímero, consustanciados con las políticas de largo plazo y herederos de una razón modelada en las instituciones de la democracia y la República.

La crisis del populismo posmoderno y los problemas derivados de su dictadura del presente han generado la oportunidad y la necesidad de que la política y la economía acudan a la convocatoria de un nuevo proyecto moderno.

Los problemas están presentes, las soluciones ya no pueden eludir las consecuencias futuras. Si no reaccionamos los modernos de la razón abierta y plural, los modernos de la razón autoritaria e instrumental pueden volver a ocupar el vacío.

Hay que exorcizar ese peligro.

II

La "razón" autoritaria al acecho

Los desafíos que enfrenta la sociedad global del siglo XXI son gigantescos e imponen planes y decisiones presentes con consecuencias futuras.

Pensemos que un cuarto de la población mundial (1600 millones de habitantes) todavía no tiene acceso a la energía comercial, y que en muchos países (entre ellos, la China y la India), una gran cantidad de habitantes todavía consumen muy poca energía. Un estimación del World Energy Council (WEC)[83] muestra que en caso de que los habitantes del mundo que todavía no tienen acceso a las fuentes modernas de energía y el resto de los habitantes que consumen muy poco llegaran a consumir lo que consume un polaco promedio (país de desarrollo intermedio), habría que duplicar la actual producción de energía para satisfacer la demanda. Es muy posible que este escenario sobrevenga antes del 2050.

- ¿Con qué fuentes de energía se abastecerá esa demanda?

Las fuentes fósiles siguen siendo dominantes, y su pronosticado agotamiento hoy está atenuado por las nuevas perspectivas que ofre-

---

83   World Energy Council. Survey of Energy Resources 2010. Disponible en: http://www.worldenergy.org/publications/3040.asp

ce la explotación de recursos no convencionales. Pero la masa crítica de suministro sigue dependiendo de fuentes de energía no renovables, que, además, contaminan.

- ¿O acaso el cambio climático es un invento de científicos sin escrúpulos que quieren lucrar con el miedo global?

Esos mismos científicos hoy advierten que ya es tarde para lograr el objetivo de que la temperatura media del planeta no aumente hacia mediados de siglo más de 2 °C respecto a los registros anteriores a la Revolución Industrial. Sin embargo, la comunidad internacional ya casi no habla de compromisos vinculantes para reducir emisiones y paliar los efectos del cambio climático. En diciembre de 2015 habrá un nuevo intento en la cumbre e París.

Tampoco hay consensos y planes de largo plazo para adaptarse a las posibles consecuencias de ese problema ecológico global. Ni siquiera se ha podido acordar un sistema de auditoría y medición de emisiones de gases de efecto invernadero que produzca informes periódicos homologables por todos.

Crecen las disputas en torno a la apropiación de los bienes comunes y se avizoran complicaciones con el uso de nuevos recursos escasos, como el agua potable,[84] pero los consensos y los acuerdos cooperativos para encarar soluciones brillan por su ausencia.

En la Encíclica *Caritas in Veritate*, Benedicto XVI advirtió que las autoridades competentes han de hacer los esfuerzos necesarios para que los costos económicos y sociales que se derivan del uso de los recursos ambientales comunes se reconozcan de manera transparente y que sean sufragados totalmente por aquellos que se benefician y no por otros o por las futuras generaciones… La globalización necesita ciertamente una autoridad, en cuanto plantea el problema de la consecución de un bien común global.[85]

En 1950 la población mundial era de 2500 millones de habitantes,

---

84   L'Expansion, juillet-août 2006, n.º 710, p. 63.
85   http://w2.vatican.va/content/benedict-xvi/es/encyclicals/documents/hf_ben-xvi_enc_20090629_caritas-in-veritate.html

hoy pasa los 7000 millones y, según las Naciones Unidas, en el 2050 alcanzará los 9300 millones. Con tasas de fertilidad muy diferentes por regiones, la población mundial, en general, crece y envejece.[86]

El reverendo Malthus erró con sus pronósticos matemáticos, pero en su *Ensayo sobre el Principio de Población*[87] formuló una tesis irrefutable: existe una relación entre el nivel de población y los medios de subsistencia. El planeta podrá albergar a esos 9300 millones, pero no de cualquier manera, no arruinando más el medio ambiente, no acrecentando diferencias y tensiones sociales que pueden derivar en luctuosos hechos bélicos.

Los cambios demográficos también determinan profundos cambios políticos, económicos y sociales. Los sistemas previsionales crujen cuando las poblaciones envejecen (se agota el denominado "dividendo demográfico")[88]. La productividad total de los factores ("la medida de la ignorancia de los economistas")[89] se torna clave para sostener el crecimiento cuando el stock de mano de obra (los económicamente activos) deja de crecer en el contexto de poblaciones con más ancianos que jóvenes. En el otro extremo, muchas sociedades jóvenes y con altas tasas de fertilidad son incapaces de absorber la mano de obra nueva. Las altas tasas de desocupación generan turbulencias sociales y promueven corrientes migratorias, que, reprimidas, retroalimentan la pobreza y la marginalidad.

- ¿Cuáles son los planes, las políticas y los instrumentos para abordar todos estos problemas de interdependencia global?

---

86   The Economist, "Demography: The new science of population", May 19th, 2012.

87   Thomas R. MALTHUS, *En sayo sobre el Principio de la Población*, traducción de Margarita Costa, Buenos Aires, Editorial Claridad, 2007.

88   Ver: http://www.imf.org/external/pubs/ft/fandd/spa/2006/09/pdf/basics.pdf

89   La expresión se asigna a Robert Solow, economista que investigó las causas del crecimiento económico y estableció las bases de la "contabilidad del crecimiento".

Hemos sostenido que es el turno y la oportunidad de un nuevo proyecto moderno. Le toca a la modernidad racional y plural, negociar consensos y alcanzar acuerdos cooperativos que se traduzcan en metas (de corto, de mediano y de largo plazo) y en programas consistentes. Le toca acudir a la convocatoria en el marco de la crisis que provocan las políticas del populismo posmoderno, y le toca ocupar un espacio tentador para quienes quieren exhumar a los "sospechosos de siempre" de la razón autoritaria e instrumental.

El pensamiento moderno plural y racional debe sacar al mundo del atolladero cortoplacista en el que encalló. El progresismo moderno debe anticiparse al desafío y neutralizar los cantos de sirena de la razón dogmática que amenaza con regresar por sus fueros en muchas sociedades desencantadas.

Hemos insistido en que el matrimonio entre posmodernidad y populismo ha generado una crisis de final abierto, con indignados por doquier que, en muchos países, vuelven a sucumbir a liderazgos oportunistas y a soluciones mágicas. La xenofobia al extranjero o el odio a las elites dirigentes realimenta nuevas opciones populistas. Se reemplaza populismo con más populismo. Sin embargo, el culto a las sensaciones del instante y la gestión del eterno presente ya no tienen respuestas frente a los condicionamientos que plantea la convivencia global. Ya no hay solución de corto plazo que pueda ignorar esas restricciones sin consecuencias inmediatas graves.

Los problemas del mundo global requieren nuevos consensos, otros planes, otra gestión y nuevos liderazgos.

Las estrategias y las políticas de largo plazo deberán canalizarse a través de marcos institucionales que garanticen el predominio de la razón plural frente a cualquier intento de volver a echar mano a los proyectos fallidos de la "razón instrumental".

El mito moderno de la razón tuvo serias desviaciones dogmáticas que, en sustitución de la providencia, aseguraron la síntesis de fuerzas discordantes. Fuese la mano invisible del liberalismo clásico o la dinámica entre las relaciones productivas y las relaciones de producción en el marxismo ortodoxo, la idea de fondo era que la sociedad disponía de un dinamismo interno que, tarde o temprano, aseguraba la optimización de los factores en juego.

Esta misma razón garantizaría el tránsito desde el reino de la necesidad (el trabajo, la escasez, la explotación) hacia el reino de la libertad (la abundancia, la democracia política y social). Es larga la lista de razones aducidas que socavaron la credibilidad de la razón librada a su propia lógica y que habilitaron la "deconstrucción" posmoderna.

El capitalismo industrial mostró, bajo la figura del trabajador libre, que la proclamada síntesis entre libertad y seguridad, o entre libertad e igualdad, no era tan mecánica y, a veces, era más una expresión de deseos que una virtud del sistema. Los mercados probaron ser eficientes, pero no justos en la distribución de la riqueza. La realidad desvirtuó las expectativas.

Los modelos de socialismo real alimentaron una burocracia que, en teoría, debía sintetizar la razón con la libertad y que, en realidad, empezó aplastando la libertad bajo el pretexto de la razón y acabó por mostrar que en esa misma razón se reproducía un delirio de poder.

Los desastres ecológicos rompieron la ecuación feliz entre modernización y calidad de vida, lo que indirectamente puso en la picota la contabilidad del progreso y precipitó la necesidad del desarrollo sostenible.

En fin, la razón instrumental prevaleció muchas veces sobre toda consideración de valores o de fines, y el desborde llegó al delirio cuando el nazismo (Holocausto incluido) logró imponerse en sociedades donde parecía inconcebible semejante regresión. John Ralston Saul en el libro *Los bastardos de Voltaire. La Dictadura de la razón en Occidente* expresa:

> *[…] no es sorprendente que nadie quiera aferrarse al recuerdo de Hitler como una imagen de normalidad moderna… pero no fue la locura lo que posibilitó el Holocausto. El Holocausto fue el resultado*

de un acto perfectamente racional –dado aquello en que se había convertido la razón– que se justificaba a sí mismo y estaba herméticamente cerrado.[90]

Esta razón omnipotente, no permeada por valores que dan sentido al deber ni morigerada por instituciones promotoras del pluralismo y del Estado de Derecho, es la que prohijó el desencanto y la reacción posmoderna. Los posmodernos "deconstruyeron" los metarrelatos de la fe y de la razón, y liberaron el sujeto al devenir. Sin metarrelatos, el ser humano fue apelado a *surfear* la nada y a encontrar sentido existencial en el instante presente.

-Por eso el culto a las sensaciones y a lo efímero. De allí el matrimonio con las políticas populistas.

- Por eso el relato zigzagueante de racionalización del aquí y del ahora.

-De allí la exaltación del presente acomodando el relato del día, y la subestimación del futuro como oportunidad de mejora y de progreso.

-De allí los liderazgos políticos oportunistas y el movimiento pendular de seguimiento del humor social reflejado por las encuestas.

-De allí, en fin, el predominio excluyente de las políticas cortoplacistas.

La posmodernidad rompió amarras con la razón, la criticó por sus excesos y deformaciones dogmáticas, pero desde el principio estuvo condenada por su propio código genético a construir sobre la arena, sin fundamentos sólidos. O, dicho de otro modo, sobre los fundamentos efímeros, del instante, que asume como axioma. Como consecuencia de ello, las verdades "líquidas" de la posmodernidad permiten con facilidad el "entrismo" y el copamiento de las "verdades axiomáticas" de la razón instrumental. Ambas tienen como enemigo

---

90   John Ralston SAUL, Los Bastardos de Voltaire. La dictadura de la razón en Occidente. España. Editorial Andrés Bello. 1992. p. 93

común a la razón crítica. La razón crítica es un problema para las verdades "líquidas" porque las desenmascara como mentiras cuando las expone a la luz de la realidad objetiva. La razón crítica también es un problema para las verdades de la razón autoritaria porque deja al desnudo los monstruos de sus sueños totalitarios y la inescrupulosidad de los medios para alcanzar sus fines. No es casualidad la confluencia militante de la extrema derecha y la extrema izquierda en los neopopulismos. Por distintos motivos ambas huyen de la razón crítica y se refugian en la discrecionalidad que les ofrece la construcción de la realidad a partir del relato.

Cuando el caleidoscopio de experiencias pasajeras, sensaciones fugaces y consumo bulímico queda expuesto a las restricciones que el futuro le plantea al presente, vuelve la sensación de vacío existencial y de naufragio en la nada. Este es el denominador común de los indignados de Occidente. Los indignados de la "primavera árabe" pujan por acceder al menú de sensaciones de la cultura posmoderna; los indignados occidentales padecen la crisis del desengaño de esa ficción.

Sobre las ruinas de la posmodernidad, las tentaciones totalitarias volverán al acecho. La razón instrumental retornará travestida de planes y proyectos racionales para devolver previsibilidad y visión de futuro. Pero el culto al largo plazo puede ser el instrumento de nuevas tentativas de ingeniería social por las que se sacrifique el presente en el altar de nuevos providencialismos. Si estos providencialismos autoritarios resurgen[91], se correrá el riesgo de que la razón de la mayoría se traduzca en voluntad general excluyente y de que el plan de

---

91   Muchos usan las ideas expresadas por Jean Jacques ROUSSEAU en el contrato social para asociar la voluntad de la mayoría con el concepto de "voluntad general" refractario a toda disidencia. Así, se hace aparecer al ginebrino como el tutor de proyectos autoritarios que en algún momento contaron con el aval de mayorías populares. Pero no debe olvidarse que Rousseau planteó sus principios de Derecho Político asumiendo el contexto de una democracia directa, como la que alguna vez practicaron los ciudadanos de la Grecia clásica. Ver: Jean Jacques ROUSSEAU. El Contrato Social. Losada-Página 12. Buenos Aires 2003. Ps. 15 y ss.

algunos se imponga sin consensos ni controles. Así, no hay espacio para los acuerdos cooperativos.

Sobre las ruinas de la posmodernidad debe volver a brillar el equilibrio de la razón plural. En el mundo y en la Argentina.

III

Los mitos de la Argentina resignada

El ánimo social argentino tiende a ser ciclotímico. Transcurren años de cierta euforia hasta que volvemos a ser rehenes del desencanto y la desilusión. Hay motivos, hemos visto que la declinación relativa de la Argentina en el concierto de las naciones es indisimulable, medida por cualquier indicador comparativo. Además, tampoco se puede disimular el crecimiento sistemático de la pobreza, la indigencia y la marginación.

La Fundación Agropecuaria para el Desarrollo de la Argentina nos provee una ficha resumen del cuadro de situación presente:

*"**Nivel de actividad**. 42 de cada 100 personas trabajan;*

***Informalidad.** De esas 42 que trabajan, 23 lo hacen en condiciones de formalidad, Es decir, 1 de cada 4 habitantes de Argentina aporta a las obras sociales y al sistema previsional. En total son 7,2 millones de trabajadores informales;*

***Empleo público**. De esas 42 personas, 9 trabajan en el sector público, empleo que creció en valores absolutos un 55% durante los últimos 10 años;*

***Relación PIB-empleo privado**. Durante la última década, el empleo privado creció 0,25 puntos por cada punto que creció la economía (PIB);*

***Jóvenes Ni-Ni**. 900.000 jóvenes no estudian ni trabajan;*

Desempleo. Existen 1,4 millones de personas sin trabajo;

Pobreza. 1 de cada 4 argentinos es pobre, es decir, 10,6 millones de personas;

Indigencia. 1 de cada 20 argentinos no cubre sus necesidades alimentarias, es decir, 2,1 millones de personas;

Planes sociales de la Nación. $101 mil millones de presupuesto para el año 2014, con 19 millones de beneficiarios (una persona puede recibir más de uno);

Planes sociales en las provincias. Sólo Córdoba y Buenos Aires destinan $2.112 y $5.219 millones, respectivamente, a 32 planes sociales distintos en el caso de la primera provincia, y 21 en el caso de la segunda.

Educación. Argentina se desempeña por debajo de otros países con niveles de ingreso o de inversión en educación similar, encontrándose entre los 8 peores países de los 65 que participaron en las pruebas PISA de 2012. 2 de cada 3 alumnos se encontraron en los niveles más bajos en matemática, y 1 de cada 2 en lectura y ciencia. Con brechas por nivel socioeconómico de las más amplias del mundo".[92]

Una radiografía más que desalentadora `para una década donde se creció a tasas excepcionales gracias a la bonanza de los precios de las materias primas que exportamos. Pero pasó el boom y hoy volvemos a debatirnos entre el estancamiento y la inflación

En las depresiones del ánimo colectivo, como si la decadencia fuera inexorable, se retroalimentan mitos paralizantes. Aquellos que la sabiduría popular traduce como "es lo que hay" o "por algo será". Mitos que debemos y podemos desarraigar para empezar a plantear una alternativa superadora, que nos devuelva la esperanza futura.

Para el *Diccionario de la lengua española,* una de las acepciones de la palabra "mito" es 'persona o cosa a las que se atribuyen cualidades o excelencias que no tienen, o bien una realidad de la que carecen'.

Que la Argentina pierde peso relativo en su condición de país

---

92   Empleo, pobreza y política social. Cómo romper el círculo vicioso de la pobreza en Argentina. FADA. Río Cuarto, Córdoba. Diciembre 2014

emergente es innegable. El ingreso *per cápita* argentino, tomando paridad de poder adquisitivo, está por debajo de Chile y estamos perdiendo posiciones en Latinoamérica. Ocupamos el lugar número 68 en el mundo (medido en paridad de poder de compra). El coeficiente Gini, medida de la desigualdad de ingresos (donde 0 marca una perfecta igualdad y 1 una desigualdad total), es de 0,48 para la Argentina, mejor por ahora que Chile (0,54), el Brasil (0,57) y México (0,55); pero lejos de países de desarrollo intermedio como Corea (0,36) o Polonia (0,34).[93]

Cuando a principios del siglo xx el proceso de alfabetización argentino sorprendía al mundo, no sólo el ingreso *per cápita* argentino estaba entre los primeros del planeta, también el ascensor social atenuaba las brechas de ingreso generando igualdad de oportunidades.

Entre aquella Argentina del Centenario, que convocaba capital y recursos humanos de todo el mundo, y esta Argentina del Bicentenario, que pierde posiciones relativas en el concierto de las naciones, se han arraigado mitos sociales paralizantes que inhiben la articulación de consensos para converger en un proyecto de desarrollo económico y social. Sobresalen tres:

1. El mito de la Argentina rica,
2. El mito de la maldición cultural
3. El mito de la gobernabilidad peronista.

En términos comparados, la Argentina fue rica a principios del siglo pasado; hoy no lo es, aunque lo sigamos declamando. La Argentina tiene una base importante de recursos naturales y tiene un capital humano con educación y entrenamientos razonables. Eso le da algunas ventajas comparadas relativas, pero no la hace rica.

La riqueza de un país, la que permite pagar salarios dignos y me-

---

93 WORLD DEVELOPMENT REPORT 2014. World Bank and Oxford University Press, New York, 2014. Sobre el problema de la desigualdad en la Argentina, véase: Guillermo CRUCES y Leonardo GASPARINI. "Los determinantes de los cambios en la desigualdad de ingresos en Argentina. Evidencia y temas pendientes". Documento de Trabajo sobre Políticas Sociales n.º 5. Banco Mundial.

jorar el nivel de vida de la población, depende de la productividad de los recursos humanos y del capital invertido. En el largo plazo, la productividad total de los factores está dada por la tecnología y la innovación, es decir, por el conocimiento. Los países que generan más valor agregado y pagan mejores salarios son los que más incorporan conocimiento a la materia prima. Es lo que los hace ricos.

- ¿Cuál es la productividad media global de la Argentina respecto a otros países de la región y del mundo?

Lo ignoramos. La expresión "productividad" tiene mala prensa y se usa, a menudo, como eufemismo de reducción de personal ocupado. Nada que ver. Sudáfrica tiene entre sus indicadores económicos clave un índice nacional de productividad y se compara con otros países. Los indicadores de productividad global y sectorial deberían regir el debate sobre la riqueza o la pobreza relativa de la Argentina, pero el tema está ausente en la agenda pública.

El mito de la Argentina rica paraliza el verdadero debate sobre la creación de riqueza y de nuevos empleos. A su vez, exacerba las expectativas distributivas, dado que los argentinos han visto declinar su nivel de vida, y alienta conductas rentistas de los nuevos emprendedores.

Frente al desengaño, el bálsamo es la culpa del otro, del "extranjero" o del "vende patria", que nos despoja de nuestra riqueza. Es el discurso populista. Sin embargo, el mito ha sido desafiado por algunos argentinos que nunca dejaron de hablar de productividad y hoy pueden exhibir resultados tangibles. Nuestros chacareros siempre han comparado el rendimiento relativo de sus cosechas con el rendimiento anterior, con el del vecino, con el de otra región y con el de otro país. A caballo de la siembra directa, de las variedades transgénicas y de nuevas prácticas de organización empresarial, la cadena agrícola duplicó la producción en una década.

La Argentina recibió de esta cadena productiva una lección de productividad para imitar y trasladar a otros sectores. La lección de los chacareros en suelo argentino contribuye a desmitificar el camino a la creación de verdadera riqueza. Riqueza que, favorecida por los términos de intercambio excepcionales, permitió sustentar la bonanza económica de los últimos años.

Mucho antes de *Cambalache* y del Viejo Vizcacha del Martín Fierro, un observador agudo de la naturaleza aludía a nuestros rasgos culturales:

> *Es de notar que la mayor parte de los habitantes del país ayudan invariablemente a los criminales a escaparse; parece que piensan que el asesino ha cometido un crimen contra el Gobierno y no contra la sociedad... Casi todos los funcionarios públicos son venales, y hasta el director de Correos vende sellos falsos para el franqueo de los despachos.*

Esto opinaba Charles Darwin de los argentinos en 1833.[94]

Pero el mismo Darwin se asombraba en aquella época (gobernaba Buenos Aires González de Balcarce, que había sucedido a Rosas después de su primer gobierno) de

> *[...] la excesiva tolerancia que reina, la libertad de prensa, los cuidados que se ponen en extender la instrucción, las facilidades que se dan a todos los extranjeros y, sobre todo, la amabilidad que se demuestra siempre a aquellos que se ocupan de la ciencia.*

Auguraba el inglés, en consecuencia, que todo ello "acabará por producir excelentes resultados". Hay rasgos contradictorios en nuestro bagaje cultural, pero la cultura no nos condena al subdesarrollo, como argumentan muchos pesimistas.

Cuando prevalecen los rasgos que describe el maestro Enrique Santos Discépolo en la letra de su famoso tango, se arraiga el mito que nos convence de nuestra incapacidad de enmendarnos (nos asu-

---

94   Charles DARWIN, *Del Plata a Tierra del Fuego*, Argentina, Zagier & Urruty Publications, 1999, pp. 201-202.

mimos incorregibles). Pululan las bromas que relacionan este mito y el anterior: el Dios creador dotó a estas tierras de mucha riqueza, pero para compensar las pobló con los argentinos. El "todo es igual" de *Cambalache* se enanca en la cultura de la anomia, que abreva en el ancestral "se acata pero no se cumple", y es cómplice de la triste historia institucional del pasado siglo. Sin embargo, los argentinos también fuimos capaces de potenciar valores de progreso y contención social en el pasado y de sobreponernos al mito de la maldición cultural, que nos acompaña desde la génesis de nuestra historia.

Después del Pacto de San Nicolás, en 1852, con el proyecto plasmado en la Constitución del 53, bastó una generación para convertir a la Argentina en un país de vanguardia en el mundo.[95] Le toca otra vez a la República hacer prevalecer las instituciones y los valores del Estado de Derecho, de la decencia y de la solidaridad, en búsqueda de los consensos fundamentales para construir la alternativa del progresismo moderno. La Argentina pudo en el pasado; podrá también ahora.

Acemoglu y Robinson, en *¿Por qué fracasan las Naciones?*, nos invitan a reflexionar en los condicionantes institucionales de ciertas políticas "incomprensibles" por la reiteración de fracasos. Entre muchos ejemplos del pasado y del presente, nos recuerdan la historia de Kofi Busia, primer ministro de Ghana[96], que en 1969 asumió el poder en medio de una severa crisis económica heredada de las políticas de su antecesor, el demagogo Kwame Nkrumah. Contra el consejo de quienes lo asesoraban, organismos internacionales incluidos, Busia insistió en el repertorio populista. Como era de prever, Ghana pronto empezó a sufrir la escasez de divisas y una crisis de balanza de pagos. En 1971 tuvo que devaluar y liberar los controles a cambio de un préstamo condicionado del FMI. Pero las nuevas medidas

---

95   Sobre el pacto de San Nicolás, véase Mariano GRONDONA, *El Poskirchnerismo. La política de las nuevas generaciones*, Buenos Aires, Sudamericana, 2009, pp. 81 y ss.

96   Daron ACEMOGLU y James A. ROBINSON. Por qué fracasan los países. Ariel. Buenos Aires. 2013, ps. 85 y ss

detonaron una revuelta popular en Agra, la capital, y el gobierno fue derrocado. Quien lo sucedió volvió a las viejas prácticas de transferir recursos a algunos grupos poderosos -que debían estar satisfechos-, y exprimir la agricultura para dar comida barata a los centros urbanos y proveer recursos a un fisco dispendioso que sostenía una estructura clientelar. El corsé institucional, sostienen los autores, inviabilizaba la aplicación de las medidas que sugerían las reglas del arte y la experiencia comparada. Por eso la tesis central del libro plantea la sinergia institucional entre lo político y lo económico por encima de lo cultural ("instituciones extractivas o inclusivas"), como clave del éxito o del fracaso en los procesos de desarrollo. Cuando los países están entrampados en una maraña institucional que retroalimenta el autoritarismo político y la economía extractiva de rentas con distribucionismo clientelar, muchas medidas económicas en apariencia "irracionales" responden a la necesidad del "modelo", no a la ignorancia.

Es hora que los argentinos comprendamos que el problema no es un funcionario, y ni siquiera un gobierno; el problema de nuestra decadencia relativa es el cepo institucional (político y económico) que somete a los argentinos y que durante décadas ha inviabilizado la aplicación de políticas alternativas. La frase que se le atribuye a Bill Clinton debería ser reformulada en nuestro contexto: "son las instituciones, estúpido".

Otra idea interesante del libro citado es el rechazo al determinismo cultural. Se menciona el ejemplo de la ciudad de Nogales en el Estado de Arizona y su homónima del Estado de Sonora en México. Las dos ciudades vecinas asentadas sobre un mismo valle tienen muy diferentes niveles de desarrollo económico y social, pero provienen de un patrimonio cultural e incluso familiar común. Corea del Norte y Corea del Sur también comparten denominadores culturales de origen, pero los arreglos institucionales a los que están expuestas han determinado resultados económicos y sociales muy distintos. Hasta las culturas semejantes se transforman y modifican en función de las instituciones vigentes. Las prácticas, normas y valores predominantes en un medio social son influidos y pueden cambiar con cambios institucionales. Corea del Sur es uno de los países más ricos del mundo, mientras Corea del Norte lucha contra las hambrunas periódicas y la pobreza generalizada.

Las crisis recurrentes marcan límites a las instituciones económicas extractivas que, como las del populismo económico consumen stocks y redistribuyen rentas en una estructura clientelar del Estado. Son instituciones que reprimen la innovación y la productividad, distorsionan los incentivos, abusan del financiamiento externo o inflacionario, y frenan la inversión y el desarrollo. Pero el límite económico del agotamiento de un arreglo institucional extractivo no necesariamente implica su límite político. Las élites que se sirven de las instituciones extractivas influyen o controlan las instituciones políticas y se ocupan, frente a una nueva debacle, que todo cambie, para que nada cambie. Entre nosotros, populismo por derecha o populismo por izquierda, según los antecedentes de la última recidiva. La economía se degrada y se agravan los problemas sociales, pero la política resiste el cambio. Por eso, en la historia y en la experiencia comparada, los puntos de inflexión institucionales empiezan en la política. Cuando en una coyuntura crítica se aprovecha la "deriva" institucional para coaligar voluntades, intereses y liderazgos que son catalizadores de políticas inclusivas, crecen las chances de que las instituciones económicas se transformen y se supere el fatalismo de la maldición cultural. Si la democracia republicana de la alternancia y de los consensos se impone definitivamente a la democracia plebiscitaria personalista y delegativa, en la Argentina también tendremos más posibilidades de cambiar la institucionalidad económica populista. Pero la batalla política no está ganada.

Desde el retorno de la democracia, el partido peronista, en sus variantes de izquierda y de derecha, ha gobernado más de las dos terceras partes del período transcurrido. Casi todo argentino repite que no es posible gobernar con el peronismo en la oposición y que no hay alternativa de poder sin una "pata" peronista. El mito perjudica a los peronistas y a los no peronistas por igual; es decir, a todos los argentinos.

Los Gobiernos justicialistas , obligados a corresponder su vocación de poder, encuentran en el mito la obligación de domar al "potro" sin reparar en los medios; lo que lleva a innovar en trasgresiones institucionales que debilitan el sistema y condicionan la República (número de miembros de la Corte; "re-reelección"; candidaturas testimoniales; manipulación del Consejo de la Magistratura; decretos de necesidad y urgencia; leyes de emergencia con prórrogas permanentes, partidización de la justicia, etcétera). Pero la oposición aprovecha el mito de la gobernabilidad peronista para exculpar fracasos de gestión detrás de supuestas conspiraciones urdidas por los que nunca dejan gobernar. El sistema político cruje, crece la suspicacia social y, frente a la crisis, vuelve el "que se vayan todos". No podemos seguir con barquinazos entre el "que se vayan todos" y el "vamos por todo". Urge institucionalizar la gobernabilidad de la Argentina en la alternancia republicana del poder.

La Argentina democrática de algunas provincias y muchos municipios ayuda a desmitificar. Exhibe ejemplos de alternancia, con gestiones exitosas de uno y de otro signo, respetuosas de lo institucional, y sin riesgos para la gobernabilidad. Predominan estos rasgos institucionales allí donde hay límites a la reelección y se renuevan los liderazgos políticos dentro de la competencia de los partidos organizados.

El peronismo sin alternativa se vuelve hegemónico y genera sus propias alternativas internas. Es cierto que el peronismo abreva en el populismo desde su génesis, pero no es cierto que la versión oficialista posmoderna del populismo represente a todo el peronismo. Hay un peronismo respetuoso de las instituciones y progresista y un peronismo populista y antirrepublicano. Algo similar pasa en el radicalismo y en las otras fuerzas políticas. Esa divisoria de aguas va a marcar la futura configuración política de la Argentina y a reorientar los alineamientos en el oficialismo y en la oposición. Las fuerzas modernas y progresistas construirán la alternativa que erradique el mito de la ingobernabilidad opositora y de alternancia al sistema. Al principio, la alternancia se dará entre desarrollistas y populistas; unos republicanos y los otros caudillistas. Con el tiempo, la fortaleza institucional y el funcionamiento de la República irán devolviendo su rol y su posición a las izquierdas y a las derechas plurales y modernas. Si el proyecto moderno vuelve por sus fueros, el populismo posmoderno quedará acotado a expresiones políticas marginales.

Necesitamos un punto de inflexión en la Argentina decadente y entrampada en el corto plazo, necesitamos acuerdos básicos que traduzcan un nuevo proyecto argentino para el siglo XXI. Es tiempo de exorcizar los mitos de nuestra resignación. Y de amalgamar consensos básicos para construir un proyecto alternativo.

CUARTA PARTE

Las ideas, los consensos y los cambios

I

La construcción
de un proyecto alternativo

Tras la crisis del campo y el fracaso electoral del oficialismo kirchnerista en el 2009, muchos analistas de la realidad argentina empezaron a hablar del fin del ciclo K y de la necesidad de estructurar un proyecto poskirchnerista.[97]

Pero el oxígeno externo de los términos de intercambio (precio de los productos que exportamos respecto a los que importamos) y la apropiación de otras "cajas" internas de financiamiento del gasto público (AFJP, reservas del Banco Central) por parte del Gobierno le permitieron volver a expandir el gasto, y devolvieron a la sociedad la sensación de bonanza económica.

Con la economía en recuperación transitoria, el Gobierno rearticuló el relato populista: guerra a los medios "opositores", apropiación política partidaria de los derechos humanos, fútbol "para todos" y consumo "para todos".

La muerte del expresidente Kirchner fue especialmente aprovechada para dotar al relato de misticismo militante, además de operar como borrón y cuenta nueva a las crecientes sospechas e imputaciones de corrupción. La posmodernidad populista había logrado su objetivo del aquí y el ahora: "Cristina ya ganó". En el arco opositor,

---

97   Mariano GRONDONA, *op. cit.*, pp. 26-29

el relato oficial caló tan hondo que, con honrosas excepciones, todos los potenciales candidatos opositores empezaron a asumir "el cristinismo" como la nueva etapa K y dejaron para otra oportunidad la idea de consensos catalizadores de un proyecto capaz de erigirse en una alternativa no populista, republicana, inclusiva, de desarrollo y de justicia social: la opción del verdadero progresismo moderno.

En las primarias abiertas de agosto de 2011, triunfó el presente de manera abrumadora. El veredicto de octubre de 2011 ratificó el resultado contundente. Cristina Fernández de Kirchner fue reelecta con el 54% de los votos. Hermes Binner salió segundo a 38 puntos de diferencia. La oposición se atomizó. Pero a no equivocarse, una mayoría disgregada de argentinos aguarda el proyecto y los liderazgos de un futuro inminente.

Al analizar la batalla de ideas que plantea el siglo xxi, destacamos que cuando Federico Nietzsche concentró su agudeza intelectual en la "deconstrucción" de los metarrelatos que la fe (la religión) y la razón (la ciencia, la política) proveen para estructurar el ser y dar sentido a la existencia, advirtió que aumentaría la angustia existencial en el individuo y en la sociedad. Había que aprender a navegar en la nada. Señalamos que el "superhombre" de Nietzsche es, al fin y al cabo, el que está en condiciones de *surfear* el devenir, de encontrar sentido existencial en el instante. Con sus ideas, el filósofo alemán había dinamitado el "ser" heredado de la metafísica de Parménides de Elea (siglo v a. C.) y había plantado la semilla de la hoy ascendiente cultura posmoderna.

En sucesivos capítulos, hemos propuesto la necesidad de analizar y entender la ola populista argentina y mundial en clave posmoderna y como un signo de época.

El populismo de la modernidad líquida atiende demandas inmediatas y, a partir de tradicional visión maniquea de la realidad, se ocupa de la satisfacción del instante, sin reparar en las consecuencias futuras.

Posmodernidad y populismo convergen en la obsesiva valoración de la gratificación presente. El futuro se descuenta a tasas tan altas porque no tiene valor presente. En "el imperio de lo efímero", el futuro no cuenta y las políticas populistas se ocupan de no ponerlo en valor.

Con este bagaje de análisis conceptual, podemos afirmar que Néstor y Cristina Kirchner encarnan liderazgos posmodernos. Siempre tuvieron en cuenta la sucesión de nuevas sensaciones para eternizar el instante de la Argentina posmoderna: "fútbol", "milanesas", "televisión digital", "plasmas", "ascensos", "subsidios". Lo de "para todos" califica la inmediatez consumista, el aquí y el ahora, y persigue la identificación del universo social con las sensaciones de unos pocos que operan como los satisfechos del día.[98]

El relato populista de los K siempre ha buscado surfear el devenir de las sensaciones colectivas (por eso aparece como "todoterreno" para el análisis moderno) y, por definición, no es principista ni consistente con el pasado (el pasado es un instrumento del relato presente).

La estrategia excluyente es hacer lo que sea necesario para preservar el poder presente. Por eso, hay que negar cualquier mala noticia que desafíe el instante de poder…, todo deviene, todo deja de ser. Si el instante desfavorece, hay que ocuparse del próximo instante y ofrecer una nueva sensación al inconsciente colectivo. Con esa táctica fue abordado el conflicto con el campo en el 2008 y la muerte del fiscal Nisman luego de su grave denuncia en enero del 2015.

La táctica comunicacional conjuga atril, cadena nacional, medios militantes, redes sociales y hasta grageas de Twitter. Todos consustanciados con los ajustes del relato a la sensación de turno. Alguno replicará a esta altura de la deconstrucción: "pero les funciona".

Sí, pero el rumbo de colisión es congénito al proceso de retroalimentación populista por restricciones internas y externas que tarde o temprano sobrevienen. Así como en el mundo el populismo posmoderno generó la crisis del 2008 (de la que padecemos consecuencias

---

98   Daniel MONTAMAT, "Construir un relato alternativo", Buenos Aires, *La Nación*, 25-08-2011.

todavía), el populismo posmoderno que domina la política y la economía argentinas nos ha arrastrado a otra crisis.

Lo deseable es que el gobierno hubiera comenzado a planificar una sucesión ordenada para el 2015 abriendo el diálogo con las fuerzas opositoras e implementando algunas rectificaciones en las políticas públicas que ya no pueden postergarse más. Lo que sucede, por el contrario, es que el gobierno insiste en el rumbo y profundiza las distorsiones acumuladas en la década para entregar una bomba de tiempo a quien lo suceda. Esta percepción, que predomina en la formación de expectativas, ahora traslada la especulación al momento en que se puede producir el desenlace "correctivo": ¿hasta cuándo aguantará la economía del cepo y la intervención discrecional?

El gobierno trata de evitar una crisis de balanza de pagos. Las reservas disponibles siguen bajando y las mini devaluaciones casi diarias del peso no alcanzan para compensar el grave atraso cambiario acumulado desde hace varios años. Caen los dólares de exportación y siguen saliendo dólares: salen en el mercado oficial porque las importaciones de energía y de otros sectores deficitarios las demandan para sostener su actividad , porque se sobrefacturan importaciones y se subfacturan exportaciones, porque el dólar ahorro se usa para dar liquidez y reducir el alza del dólar paralelo, porque conviene hacer turismo en el exterior y porque hay servicios de la deuda pública y privada que atender (aunque hay pagos retenidos de la deuda regularizada que se traducen en un nuevo default técnico). A su vez, como hay escasez de dólares y abundancia de pesos, la moneda que se emite en Estados Unidos sigue siendo refugio de valor para los argentinos. Cuanto más pesos se emiten para financiar los déficit públicos, más demanda de dólares hay en el mercado paralelo. La bicicleta de comprar dólares al tipo de cambio oficial y venderlos en el paralelo ha reducido la brecha entre ambos mercados, pero al costo de profundizar el retraso cambiario. No es para subestimar, ya los activos monetarios en manos de agentes privados cuadruplican las reservas del Banco Central contabilizadas al dólar oficial. Caída de reservas disponibles y brecha cambiaria, una carrera contra el reloj en un escenario macro de inflación, recesión y serias distorsiones en los precios relativos. Un cóctel de crisis que va a requerir terapia de urgencia con riesgos de acabar en otro traumático proceso correctivo.

Nassim Nicholas Taleb en su best seller Antifrágil, critica a los economistas por ser "esclavos de la linealidad" y de las simetrías de la "normalidad gaussiana"[99]. De pronto, las funciones presumidas rectas (por ejemplo, la caída de reservas) son cóncavas, y las constantes (velocidad de circulación del dinero) se aceleran. Cuentan que Vicente Feola, el técnico que dirigió a Brasil en su primera copa mundial en Suecia (1958), inauguró en aquel torneo un tablero electrónico para presentar a su equipo las "jugadas de pizarrón" a practicar. En el dispositivo, sus dirigidos, con algunos avances y pases alcanzaban el arco rival y concretaban el gol. Didí, el célebre mediocampista de aquella selección campeona, hizo reír a todos sus compañeros cuando luego del planteo táctico del técnico le preguntó si los jugadores del equipo contrario se iban a quedar quietos como los del tablero. Colofón: el gobierno busca transferir el costo de ajustar a quien lo suceda, y los posibles sucesores quieren que el gobierno asuma el ajuste en lo que resta de su mandato. Unos y otros hacen cálculos como si jugaran solos, y los pronósticos se fundan en proyecciones rectilíneas.

La sumatoria de tácticas para operar las sensaciones del presente no define un rumbo estratégico, y la sumatoria de cortos plazos termina enfrentando la gestión populista a los problemas de largo plazo.

El culto al devenir social, sedante en la inmediatez del presente, deja sin respuesta a los planteos de fondo del ser social argentino (pobreza, exclusión, inseguridad, trabajo, educación, progreso, justicia social). Esos problemas, que requieren políticas consistentes de largo plazo, tienden a agravarse con el tiempo. El paso del tiempo también licúa las rentas apropiables y agota los stocks acumulados que han financiado las sensaciones de consumo existencial. Aunque la construcción del relato político pueda seguir erigiendo enemigos de oca-

---

99   Nassin Nicolás TALEB, Antifrágil. Paidós. Buenos Aires, 2013, ps. 328 y ss.

sión, las restricciones financieras y la creciente inflación erosionan el sustento del relato económico. Cuando empiezan a aparecer conejos muertos de la galera populista, la religión del presente se torna insoportable para muchos individuos y para el conjunto social.

Anthony Giddens, el ideólogo inglés de la tercera vía, asocia la rebelión juvenil en Europa a la sensación de exclusión consumista. "El no poder comprar es el estigma odioso de una vida sin sentido". De ahí, "Me rebelo, ergo, existo".[100]

El relato de los neopopulismos tarde o temprano deriva en "la insoportable levedad" del ser social que procuró manipular. Y así como muchos posmodernos naufragan en la nada, decepcionados de aferrarse a lo efímero, muchas sociedades pagan las consecuencias de haber entrampado su destino en espejismos de corto plazo.

El agotamiento del ciclo K, va a producir una nueva sensación de vacío social. Si se responde a los desafíos que sobrevendrán con otro relato posmoderno, la Argentina seguirá entrampada en el corto plazo y perdiendo posiciones relativas en la región y en el mundo, prisionera de las lacras sociales que ha sido incapaz de superar. Peor todavía, travestido por derecha o por izquierda, según las circunstancias que condicionan el presente, el populismo impondrá sus instituciones y se llevará puestas las instituciones de la República, con el peligro de que la regla de la mayoría democrática se desnaturalice y derive en nuevas aventuras autoritarias.

-Es tiempo de acordar y sentar las bases de un relato alternativo moderno, que aprenda del pasado y asuma los problemas del presente ponderando el futuro. -Es tiempo de reemplazar los liderazgos posmodernos, con sesgo y vocación caudillista, por nuevos liderazgos comprometidos con el futuro. Hemos insistido que, ni a nivel global ni en el contexto argentino, tendremos posibilidad de resolver los problemas de corto plazo sin planes de largo plazo.

-Es tiempo de encontrar a los nuevos estadistas argentinos del

---

100   Anthony GIDDENS, "Las claves de una rebelión imparable", Buenos Aires, *La Nación*, 14-08-2011.

siglo XXI, preparados para militar en una contracultura, refractaria a los atajos populistas y comprometidos a honrar la justicia social con su dimensión intergeneracional.

-Los desafíos que se vienen imponen la necesidad de construir una alternativa restableciendo el valor del diálogo y de los consensos en democracia. Los consensos deben tener como objetivo la formulación de un conjunto de políticas de Estado de largo plazo que sienten las bases de un proyecto argentino para el siglo XXI, como el Acuerdo de San Nicolás y la Constitución de 1853 sentaron las bases del proyecto argentino que rigió los destinos del país hasta 1930.

El ciclo populista posmoderno, revalidado en las urnas en el 2011, y rechazado a medias en las elecciones legislativas del 2013, ofrece una nueva oportunidad e impone nuevos deberes a los que creen en un futuro de alternancia republicana y políticas de Estado para alcanzar el desarrollo económico y social.

Hay antecedentes de diálogo y consensos que alimentan la esperanza: la labor pionera de ocho exsecretarios de Energía de las distintas administraciones de la democracia en la formulación de políticas de Estado para el sector, a partir del diálogo, las concesiones recíprocas y los acuerdos;[101] la propuesta de otros cuatro exsecretarios de Agricultura de distintas administraciones de la democracia para otro sector vapuleado por el corto plazo; el documento de consenso sobre política exterior también suscripto por ex funcionarios de los gobiernos de la democracia, las políticas de convergencia promovidas varias entidades empresarias y otros. Todas pinceladas incompletas de un cuadro que hay que seguir pintando para que la Argentina actual, prisionera del credo del instante, vuelva a reparar en el futuro de grandeza que corresponde a sus potencialidades.

---

101   Los documentos de consenso del grupo de ocho exsecretarios en torno a políticas de Estado para el sector energético pueden consultarse en www.exsecretarios.com.ar

II

El proyecto progresista y moderno

Repitámoslo una vez más: la reincidencia en políticas populistas, por derecha o por izquierda, ha transformado a la Argentina en un país decadente.

Todo puede cambiar en una generación, si a los consensos políticos para "republicanizar la democracia" se suman las bases de una estrategia económica que nos reencuentre con el progreso y la justicia social.

Para superar el populismo argentino y ubicarlo, primero, en la oposición y, con el tiempo, en la marginalidad del discurso político, es imprescindible al principio la cooperación transversal de las fuerzas políticas a partir de acuerdos básicos que promuevan políticas sustentables de largo plazo. Hay que empezar a forjar los acuerdos y delinear metas y planes en el tema en el que el populismo exhibe su mayor contradicción: la justicia social.

En el corto plazo, habrá que compartir costos políticos para evitar nuevos atajos y futuras frustraciones. La energía social argentina debe ser canalizada en un proyecto de metas compartidas de largo plazo que traduzcan políticas de Estado.

La Francia de la posguerra estaba humillada y destruida. En agosto de 1945, pocas semanas después de la capitulación nazi, Jean Monnet, un empresario de la industria del coñac, hoy recordado como "el padre de la Unión Europea", se encontró con el general Charles De Gaulle en Washington. Nunca había habido empatía entre estos dos hombres; es más, los biógrafos destacan que el general lo sospechaba como agente extranjero…, pero la necesidad de la reconstrucción francesa era prioritaria. En esa ocasión, Monnet le reclamó a De Gaulle que dejara de hablar de la "grandeza de Francia". Ya nadie se lo creía. "Francia es hoy una economía pequeña, será grande cuando tenga el tamaño que lo justifique, y para eso hay que modernizarla y transformarla". Cuentan que De Gaulle reaccionó a la objeción de Monnet pasando a la ofensiva. Dando por superados viejos enconos y desconfianzas, desafió al empresario: "¿Quiere intentarlo usted?". Jean Monnet aceptó el reto.

En una oficina que tenía relación directa con el primer ministro francés, el empresario llevó adelante el conocido Plan Monnet, de planeamiento indicativo.[102] El programa privilegiaba la inversión necesaria para reconstruir el aparato productivo francés y medidas tendientes a una mejora sistemática en la productividad global para alcanzar las mejores prácticas de la producción internacional en varios sectores. De allí el imperativo a superar las restricciones del mercado interno, y el objetivo de obtener escala en el mercado regional. La Europa integrada, objetivo político para superar ancestrales guerras fratricidas, tenía también razón de ser económica y social: una nueva escala de mercado para la producción doméstica. En una generación, Francia volvió a estar entre las primeras potencias económicas del mundo.

La Argentina del siglo XXI también se debate entre modernización o decadencia. El populismo encarna el rostro de la decadencia, y la modernización sólo vendrá de la mano de un proyecto institucional y de desarrollo alternativo.

Al comenzar la década de los cincuenta del siglo pasado, la Argentina tenía una distribución del ingreso parecida a la de los paí-

102   Daniel YERGUIN y Joseph STANISLAW, *The Commanding Heights. The battle for the world economy*, New York, Simon and Schuster, 2002, pp. 13-14.

ses desarrollados de Europa (más cerca de 0,30, según el coeficiente Gini). Hoy estamos alrededor de 0,50, como la mayoría de los países latinoamericanos. Las políticas sociales populistas no han logrado efectos redistributivos duraderos.

El populismo viene de fracaso en fracaso, pero todavía domina las corporaciones y atraviesa transversalmente todo el arco político.

Cuando hicimos la disección del populismo en sus dimensiones políticas y económicas, dijimos que las políticas económicas populistas se caracterizan por los excesos monetarios y fiscales, y que sus programas asumen o la quimera del financiamiento externo irrestricto (que termina en default y devaluación), o la quimera de la emisión monetaria irrestricta (que termina en hiperinflación y devaluación).[103]

En lo político, el populismo asume la representación del pueblo contra el "antipueblo", un blanco móvil que usa para exculparse y responsabilizar de los males a otro.

Con la excusa de ocuparse de las demandas sociales insatisfechas, el populismo medra con la desigualdad y la pobreza; sin embargo, sus cíclicas explosiones de inflación, desempleo y devaluación producen más pobres y agravan las desigualdades sociales.

Pero su atractivo electoral es innegable en el corto plazo, así como sus huellas culturales e institucionales son perdurables, sobre todo cuando las sociedades se tornan esclavas del presente.

Las promesas redistributivas del hoy y el ahora, aunque no sean sustentables en el tiempo y ni siquiera sean eficaces en sus resultados inmediatos, dan rédito político inmediato, en especial donde cunden la desigualdad, el desempleo y la pobreza.

En medio de crisis recurrentes, cuando la competencia electoral es una puja de promesas populistas, es difícil para la sociedad distinguir los atajos engañosos, disimulados por sentimientos nacionales y

---

103   Un enfoque pormenorizado de las gestiones de Néstor y Cristina Kirchner desde la óptica de sus políticas populistas se puede ver en Enrique SZEWACH, *La Trampa Populista. Riesgos de una economía a corto plazo*, Buenos Aires, Ediciones B, 2011.

populares, de sus consecuencias sociales de mediano y de largo plazo.

Las ofertas populistas compiten en el menú electoral de todo el mundo, con resonantes éxitos en países emergentes y en países desarrollados (Grecia, Francia, España). En los países con mayor desarrollo y cohesión social, y menores apremios de corto plazo, las ofertas populistas están sometidas al contrapeso de otras propuestas que desenmascaran sus falacias y su inviabilidad. Pero la posmodernidad lleva muchas veces a que la competencia electoral enfrente contrapuntos populistas, por derecha y por izquierda. Es lo que ha venido sucediendo en la Argentina.

Festejamos el Bicentenario con una democracia maltrecha, que poco tiene que ver con la "democracia representativa, republicana y federal" de nuestro contrato social constitutivo. Las deformaciones han sido estilizadas en el concepto de "democracia delegativa" o "plebiscitaria" (cuando las mayorías ocasionales todavía responden con el voto al líder autoritario).

Tal vez por el pasado autoritario argentino, tal vez por los fracasos económicos, como sociedad hemos cedido a la tentación de erigir liderazgos autoritarios, que, legitimados por el voto, llegan al poder para quedarse y ejercerlo a su antojo.

En versión posmoderna, la estrategia es el poder por el poder mismo. A partir de ese presente de poder autoritario, todo es táctico, todo es coyuntural. Con ese objetivo, los legitimados por el voto popular deben vaciar los partidos políticos, transformar el Congreso en una "escribanía del Gobierno", inhibir los controles y amedrentar a la justicia para restarle independencia. Las crisis recurrentes nos hacen más conscientes de las consecuencias de estas transgresiones institucionales; pero, si hacemos memoria, muy pocos se rajaron las vestiduras cuando se amplió en número de miembros de la Corte Suprema en los noventa, y muchos festejaron la "jugada" de la mayoría automática para garantizar los pasos de una transformación que nos reinsertaría en el pelotón del primer mundo.

La saga del debilitamiento de la democracia representativa siguió su curso con las leyes de emergencia, los vetos "quirúrgicos", las facultades delegadas, los decretos de necesidad y urgencia, la desnaturalización del presupuesto, las leyes de emergencia, las facultades delegadas, el debilitamiento de los organismos de control, las reelecciones ilimitadas, las cooptaciones, el travestismo político, las candidaturas testimoniales... etcétera, etcétera. Nos recuerda Guillermo O'Donnell:

> *Una democracia no institucionalizada se caracteriza por el alcance restringido, la debilidad y la baja intensidad de cualesquiera que sean las instituciones políticas existentes. El lugar de las instituciones que funcionan adecuadamente lo ocupan otras prácticas no formalizadas, pero fuertemente operativas, a saber: el clientelismo, el patrimonialismo y la corrupción.*[104]

Natalio Botana siempre subraya que así como en el Centenario el desafío político era "democratizar la república"; en el Bicentenario el desafío es "republicanizar la democracia".[105] El aprendizaje por prueba y error de estos casi 30 años de democracia deja algunos hitos esperanzadores, como el plebiscito de Misiones en el 2005 y el voto castigo en situaciones límites (2009, 2013); pero nos queda mucho camino que recorrer para consolidar una democracia con instituciones sólidas, en la que la "cooperación competitiva" permita la alternancia de fuerzas políticas que aseguren la gobernabilidad y la vigencia de políticas de Estado en el marco de la tradición constitucionalista y el Estado de Derecho.

Estos años de ejercicio democrático también nos han enseñado que los avances y los retrocesos económicos que se alternan con explosiones financieras y cambiarias periódicas no tienen nada que ver con un proceso de desarrollo económico y social. Pero el aprendizaje

---

104   Guillermo O'DONNELL, "Delegative Democracy", *Journal of Democracy*, vol. 5, n.º I, January 1994, p. 62.
105   Natalio BOTANA. Disponible en: http://equinoxio.org/ssnn/hay-que-republicanizar-la-democracia-1362/

por prueba y error en este campo es más confuso y contradictorio que en materia política.

Hemos aprendido a distinguir más los claroscuros de la demagogia y del populismo político que las nefastas consecuencias económicas y sociales del populismo económico. Desde 1969 a la fecha la Argentina destruyó 4 signos monetarios y el peso actual dejó de ser convertible. No debe extrañarnos que el argentino que puede ahorrar lo haga en otra moneda, y que haya más de 250.000 millones de dólares de residentes argentinos financiando en el exterior el desarrollo de otras economías. Otra secuela de la institucionalidad económica populista es la intervención discrecional del Estado en la economía con el consiguiente aumento de los costos de transacción. Derechas e izquierdas discuten más o menos rol del Estado; pero la discrecionalidad para cambiar las reglas es propia del manual populista. La moneda enferma y la intervención discrecional a su vez inhiben el circuito virtuoso de la información, los incentivos, la inversión y la innovación, sin el cual no hay generación de nuevo empleo formal ni desarrollo posible. Sin nuevos empleos productivos y sin educación igualadora de oportunidades el crecimiento no se traduce en desarrollo inclusivo.

La alternativa al populismo debe ser política y económica: República y desarrollo. La pretensión de hacer populismo económico con sujeción a marcos institucionales más respetuosos de los equilibrios y de los controles es una quimera. La institucionalidad populista abreva en la transgresión oportunista y la intervención discrecional. Sus objetivos políticos siempre tienen preeminencia sobre la ley y resisten los controles.

Las versiones de "populismo edulcorado" en el contexto de la "modernidad líquida" sucumben en la ingobernabilidad y pueden prohijar variantes alternativas de la razón autoritaria.

El capítulo liminar de un consenso progresista y moderno debe hacer eje en una nueva política social de largo plazo con objetivos mensurables de reducción de la pobreza y de la desigualdad. El populismo ha deshonrado la justicia social, y el proyecto alternativo de desarrollo debe hacerla realidad.

La reducción de la desigualdad y la de la pobreza son compatibles con metas fiscales y monetarias que erradiquen los excesos del pasado y apuntalen horizontes de solvencia intertemporal. La austeridad fiscal deberá eliminar privilegios y concentrarse en las políticas sociales que más favorecen a los pobres. Durante los años 30 y 40 los partidarios del liberalismo temían que los países occidentales prefiriesen la seguridad económica la libertad política. Una generación más tarde Amartya Sen temía que la India y otros países del Tercer Mundo sacrificasen la democracia por lograr el crecimiento económico. Por eso planteó la siguiente pregunta: ¿cómo se puede resolver el conflicto entre la acción social y los derechos individuales? Sen emprendió la crítica contra el utilitarismo inspirado en parte en Teoría de la Justicia de John Rawls, subrayando el énfasis en el bienestar de los grupos más desfavorecidos. Propuso una nueva forma de determinar los objetivos del desarrollo y la denominó "el enfoque de las capacidades". Según su enfoque, las capacidades de las personas constituyen el principal ámbito en el que la sociedad puede tratar de impulsar la igualdad preservando la libertad individual. Empoderar a los más humildes para sacarlos de la trampa de la pobreza es todo lo contrario a someterlos a la dependencia de un sistema clientelar como propicia el populismo.[106] Pero también es imprescindible arreglar el ascensor social descompuesto con una educación de calidad igualadora de oportunidades.

- ¿Cómo acordar sustentabilidad fiscal y disciplina monetaria en un país reincidente en excesos e incumplidor serial?
- Otra vez, abrevando en nuestro aprendizaje por prueba y error.
- ¿Recordamos los años virtuosos de los "superávits gemelos", aquellos que vinieron más como consecuencia que por convicción?

Hay que recuperarlos acordando la meta de sostenerlos (sin trampas contables) por varios años. Además, el superávit fiscal debe alcan-

---

106   Amartya SEN, Elección social y valores individuales; y Elección colectiva y bienestar social; citado por Sylvia NASAR, La Gran Búsqueda. Una historia de la economía. DEBATE. Buenos Aires. 2013, ps. 500 y ss.

zar a la nación y a los niveles subnacionales. Para eso, los consensos mínimos del proyecto alternativo también deben alumbrar los criterios rectores de un nuevo contrato fiscal entre nación y provincias (nos lo debemos desde la reforma del 94).

Un tipo de cambio flexible y competitivo se irá apreciando por aumento de la productividad sistémica y no, como ahora, por inflación. Para ello, habrá que aunar criterios en la constitución de un fondo soberano contracíclico que compre parte de los dólares del excedente del comercio exterior con los pesos del superávit fiscal. El ahorro público complementará el ahorro privado nacional para aumentar y sostener el nivel y la calidad de la inversión que va a apuntalar el crecimiento (tasa de inversión bruta no inferior al 25% del producto).

Los consensos del proyecto alternativo deben dar especial acogida a la inversión extranjera directa e incluir una mención explícita a la certidumbre de reglas y a la previsibilidad institucional.

La sorpresa, el oportunismo y la discrecionalidad deben dar lugar a la planificación, a la previsión y a la certidumbre de largo plazo.

La modernidad progresista debe buscar un nuevo relacionamiento con el mundo.

La Argentina populista y posmoderna deambula sin rumbo estratégico en el mundo global. Confiada en la bonanza de los términos de intercambio que todavía la favorecen, corre el riesgo de resignarse al destino de "república sojera". Para quienes auguran un eterno presente de "vientos de cola", convendría recordarles otra vez la cita de Séneca: "Nunca hay vientos favorables para un barco que no tiene rumbo".

La soja ha sido una bendición para las arcas argentinas en todos estos años. Si no hubiera sido por su aporte fiscal vía retenciones e impuestos –viabilizado por los precios que alcanzó su cotización en el mercado internacional–, la dinámica del ciclo económico kirchnerista hubiera merodeado antes las vecindades del Rodrigazo de 1975.[107]

---

107   Para repasar aquella crisis, recomendamos Paul H. LEWIS, *La crisis del capitalismo argentino,* Buenos Aires, Fondo de Cultura Económica, 1993, pp. 502 y ss.

La soja es también un emergente de la revolución productiva agrícola que experimentó la Argentina en estas últimas décadas a caballo de nuevas tecnologías duras, y de las nuevas formas de organización de la producción.

La "sojización" de la producción agrícola, en cambio, es un subproducto de la política agropecuaria ejecutada por el Gobierno.[108] Los incentivos sectoriales están puestos para producir más soja, menos trigo, menos maíz, menos carne y menos leche. Todo en función de réditos políticos de corto plazo y de sensaciones efímeras.

- ¿Habrá entonces que producir menos soja si queremos desarrollarnos?

No, hay que producir más de todo y también más soja como parte de la base agroindustrial que constituye el núcleo duro del rumbo estratégico por seguir. De lo que se trata es de agregar más valor a las cantidades producidas y de acercarnos a los consumidores finales en las cadenas de valor global. No solos, en acuerdo con el Brasil, nuestro principal socio estratégico regional, que también comparte riesgos y preocupaciones de convertirse en "república petrosojera" en la interdependencia global de este siglo.

El objetivo primario de una estrategia productiva argentina negociada y compartida con los socios regionales debe ser convertir la proteína vegetal, que producimos con ventajas comparadas, en proteína animal y biocombustibles. Agregamos entre 5 y 10 veces más valor.

La China y la India son destinos naturales de gran parte de esa producción, pero la estructura arancelaria de ambos países discrimina con gravámenes más altos las importaciones de productos con mayor valor agregado. La Argentina y el Brasil –y sus socios regionales– deben operar en conjunto, con una política articulada que dé fundamento a una relación estratégica madura y de largo plazo con ambas potencias asiáticas.

El objetivo mediato de la estrategia productiva argentina debe

---

108   Manuel ALVARADO LEDESMA, *La Argentina Agrícola: un país que niega su destino,* Buenos Aires, Temas Grupo Editorial, 2003, pp. 136-140.

ser la instalación de cadenas de comercialización de su producción agroindustrial en los grandes centros de consumo del mundo. Grandes cadenas de comercialización extranjeras están presentes en la Argentina. No sólo de las potencias desarrolladas, también de países vecinos, como Chile. Bienvenidos todos: pero

- ¿Cuáles son las cadenas comerciales argentinas que abren circuitos en otras economías del mundo, empezando por las de la región?

Amy Myers Jaffe escribió en Foreign Policy (set/oct-2011) un artículo que tuvo amplia repercusión en el establishment americano. Ya en su título planteaba que en la próxima década las "Américas" (la del norte, y la sur) se transformarían en la nueva capital de la energía mundial, desplazando al Medio Oriente. Contabiliza para ello los bitúmenes petrolíferos de Canadá, la revolución de los no convencionales en Estados Unidos (shale oil/shale gas), las reservas de aguas profunda del golfo de Méjico, las reservas de Venezuela (con crudos pesados, las más importantes del mundo), las reservas del pre-sal de Brasil (aguas profundas) y las reservas de recursos no convencionales de la Argentina. La suma le daba 6400 millones de barriles, contra 1200 del Norte de África y Medio Oriente. Por supuesto, compara reservas probadas de bajo costo y alto rendimiento energético como las de Medio Oriente, con reservas y recursos de alto costo y bajo rendimiento energético. Pero Estados Unidos hoy se mueve al compás de ese objetivo estratégico y la región integrada (como Mercosur ampliado, Unasur o Latinoamérica) puede negociar tecnología e inversiones en un acuerdo energético de largo plazo con el Norte y Europa. Vaca Muerta y el potencial de recursos no convencionales nos habilitan a negociar en esa mesa.

El tipo de cambio competitivo fundamenta el énfasis en la producción exportable y el objetivo de alcanzar las góndolas de los grandes mercados consumidores. He ahí el principio orientador de las nuevas relaciones internacionales para el proyecto de República y desarrollo. ¿Cómo evitar la revaluación cambiaria con afluencia de dólares agropecuarios y de inversión para energía? Insistimos: comprando los dólares del excedente comercial con pesos de superávit fiscal. Los dólares acumulados en un fondo contracíclico, pueden ser usados en políticas fiscales expansivas en período de vacas flacas (como hizo Chile con el suyo durante la crisis del 2009), pero también pueden ser usados para alentar colocaciones de capital argentino en el exterior que reporten dividendos y utilidades: ¿las góndolas en Shangai?

Sobre los cimientos de una base macroeconómica consistente, vienen los desafíos microeconómicos para mejorar la organización del capital y el trabajo, aumentar la productividad sectorial y global, y generar los nuevos empleos que van a dignificar a los argentinos.

Aquí la prueba y error tiene para mostrarnos experiencias sectoriales como la del aumento de la productividad agropecuaria a la que aludimos en otro capítulo y ejemplos exitosos como el de la comuna de Rafaela, en Santa Fe. Pero también hay que abrevar en la experiencia comparada para aprender de lo que funciona en el mundo global. El documento producido por la oficina local de la CEPAL *La Argentina ante la nueva internacionalización de la producción: crisis y oportunidades-2009* [109] combina diagnósticos sectoriales con propuestas concretas, explorando las potencialidades productivas del país en función de la región y del mundo.

El enfoque de las cadenas de valor, a partir de las ventajas competitivas de la cadena agroindustrial, es clave para empezar a compararnos en otros sectores con las mejores prácticas internacionales. Se trata de acercarnos a los eslabones de consumo final en las cadenas de valor global (de "granero" a "góndola"), para agregar más conocimiento y más trabajo calificado argentinos a nuestros productos.

---

109   Bernardo KOSACOFF y Rubén MERCADO (editores), *La argentina ante la nueva internacionalización de la producción,* CEPAL. Naciones Unidas. PNUD. Argentina, Buenos Aires, 2009.

III

Una experiencia de consensos: El "San Nicolás" energético

Ocho exsecretarios de Energía de distintas administraciones de la democracia argentina nos juntamos para dialogar y compartir preocupaciones por la crisis energética que afectaba al país.

Partimos de un diagnóstico común, rechazado por el oficialismo gobernante, y consensuamos varios documentos que fueron premonitorios del problema energético que hoy muestra nuestro país.[110] No nos conformamos con diagnosticar, también acordamos los lineamientos básicos de una política de Estado para este sector que, según se ha planteado, sufre como ningún otro el acoso cortoplacista del populismo posmoderno.

Lamentablemente la Argentina no aprovechó estos años de crecimiento económico local y de petróleo caro en el mundo para hacer las inversiones de alto riesgo exploratorio como lo hizo el Brasil con gran éxito de descubrimientos. Hoy la actividad petrolera aguas arriba se limita a explotar lo que está en producción, con productividad y producción declinantes. La YPF de nuevo bajo control estatal ha hecho esfuerzos significativos de inversión sobretodo orientados al desarrollo del shale oil en Vaca Muerta. Con acceso a financiamiento público vedado a otras compañías ha logrado revertir las curvas de

---

110   Los documentos se pueden consultar en www.exsecretarios.com.ar

declinación en la producción de petróleo y gas, pero la producción global del país sigue cayendo.

También el país perdió durante la década una oportunidad dorada para alentar proyectos de energía renovable y diversificar las fuentes de energía primaria, muy concentradas en gas natural y petróleo (88%). Con la política energética desarrollada en estos años, hemos estado consumiendo las reservas energéticas (las reservas probadas de gas se redujeron en la década más de un 50%), alentando usos no racionales de la energía y desalentando las inversiones de largo plazo que el sector requiere. El espejismo de los precios congelados y las tarifas que no recuperan costos tuvo como contracara un crecimiento exponencial de subsidios energéticos que beneficiaron más a los ricos que a los pobres.[111]

El Estado, a su vez, tuvo que encarar obras de ampliación e infraestructura que deberían haber hecho los operadores del sistema (licenciatarios y concesionarios de los sistemas de transporte y distribución de gas y de electricidad). Volvimos a importar volúmenes crecientes de gas natural, gasoil y electricidad a precios de referencia internacional.

También importamos fueloil, vía Venezuela, para atender las necesidades del parque térmico eléctrico, mientras nos sobraba producción local de calidad, que exportamos perdiendo la diferencia de fletes y otros servicios. La capacidad de refinación, estancada desde hace décadas, ya no se puede utilizar a pleno por el aumento de la participación de los crudos pesados en la declinante producción nacional de petróleo. Por eso desde el 2014 importamos crudos livianos para mejorar el uso de la capacidad instalada del parque refinador. Pero, otra vez, las distorsiones de precios domésticos de toda la década hace ahora que paguemos el petróleo y los combustibles importados

---

111   Recomendamos la evaluación que hizo por quintiles de población sobre la distribución de los subsidios el Ministerio de Economía de la Provincia de Buenos Aires. Dirección Provincial de Estudios y Proyecciones Económicas. Documento de Trabajo 9/12/14.

a menores precios que los del mercado doméstico. Es decir, ahora que el petróleo bajó en el mundo, el consumidor de combustibles en la Argentina subsidia a las petroleras, YPF en primer lugar por la participación que tiene en la venta de productos.

Después de años de congelamiento, la Administración actual decidió iniciar los ajustes de las tarifas de gas y de electricidad al sector residencial justo en la crisis recesiva del 2009. Los saltos tarifarios incurrieron en errores de exclusión e inclusión al asociar consumo energético con el nivel de ingreso. Estaba pendiente la sanción de un régimen de tarifa social que tomara en cuenta indicadores socioeconómicos para excluir de las recomposiciones graduales a los hogares vulnerables, cuando el Gobierno decidió avanzar con la eliminación de los subsidios, empezando por los barrios más pudientes.

La intención era avanzar sobre todo el universo subsidiado estableciendo el principio general de eliminación de subsidios a los hogares residenciales, salvo a aquellos que pudieran demostrar la necesidad de seguir recibiéndolos. Pero la reducción de los subsidios presupuestarios se pensó con criterio fiscalista, para aliviar las arcas públicas, no para mejorar las señales de precios en la industria energética. La política de reducción de subsidios dio marcha atrás y año tras año los recursos destinados a este fin fueron creciendo. En el año 2014 alcanzaron la friolera de 15.700 millones de dólares (un 71% de los subsidios económicos totales)[112]

Las distorsiones acumuladas de precios y tarifas de la canasta energética son de tal magnitud que imponen a la nueva administración un período de transición y recomposición con tres objetivos básicos y concomitantes:

     1)   reducción de los subsidios presupuestarios (hoy financiados con emisión inflacionaria)

     2)   fijación de un precio mayorista único para el gas natural y la electricidad

---

112   En base a cifras de ASAP (Asociación de Presupuesto) y de la Fundación Norte Sur.

3) reducción del subsidio económico (diferencia entre los precios controlados y administrados y los precios económicos de la energía).

La Administración de los Kirchner abandonó el objetivo político de conformar un mercado regional de energía cuando rompió los acuerdos de exportación a Chile, y debió aceptar de Bolivia compromisos de venta de gas supeditados a la prioridad del abastecimiento al Brasil y a su propio mercado doméstico. En consecuencia, también fracasó la política de reemplazar el abastecimiento del mercado doméstico de gas natural con producción regional.

El nuevo gasoducto de Bolivia conocido como GNEA, que debería haberse inaugurado en el 2006, todavía está en trámite de ejecución, pendiente del desarrollo de nuevas reservas en los campos del país vecino, y nunca más se habló del gran gasoducto que vendría de Venezuela.

Mientras tanto, la urgencia obligó al país a importar gas por barco, para lo cual el país inauguró la práctica de alquilar un buque regasificador por carecer de infraestructura en tierra. A las importaciones de GNL (gas natural licuado) en Bahía Blanca se sumaron nuevas importaciones en las instalaciones de la planta de Escobar. El gas importado de Bolivia y el gas importado por barco se han pagado entre tres y cinco veces más que el gas producido en la Argentina. Los incentivos operan para promover la importación y sustituir con producción importada la producción local. Entre los recursos no convencionales evaluados en el país el petróleo representa un 16% y el gas un 84%, pero los esfuerzos de YPF y otras compañías se dirigieron al petróleo, en vez de dirigirse al gas natural. Todo como consecuencia de los incentivos deformados por la política vigente.

El sector eléctrico fue el mayor receptor de fondos públicos para terminar obras pendientes (Yacyretá, Atucha II, Centrales de Campana y Timbúes, Plan Federal de Transporte y algunas centrales térmicas de impacto regional)[113], pero también opera con bajas reservas

---

113   Sugerimos repasar conceptos del capítulo "La inversión en capital fijo: el talón de Aquiles del populismo posmoderno"

técnicas, sobre todo en los picos de demanda estacional de potencia (verano, invierno), cuando se ha debido recurrir a importación de electricidad del Brasil.

La calidad global del sistema eléctrico se ha deteriorado sistemáticamente y se multiplican los problemas localizados de interrupción del servicio a lo largo y a lo ancho del país. Las fotos de los cortes y las quejas de los vecinos durante los días calurosos ya forman parte de la normalidad. Todo un cuadro de retraso inversor que obligó al Gobierno a empezar a discriminar entre energía "vieja" y energía "nueva" para tratar de dar otra señal de precios a los nuevos proyectos. La respuesta a los planes "plus", formulados por la actual Administración, ha sido magra e incapaz de revertir el déficit creciente de producción y oferta energética.

Como señalamos en la segunda parte (IV), todos estos años han sumado mucho corto plazo en un sector capital intensivo, en el que el interregno entre las decisiones de inversión y los resultados atraviesa más de una administración de gobierno. Para recapitalizar el sector energético y acompañar una tasa de crecimiento del Producto de entre 4 y 5 puntos acumulados por año, es necesaria una inversión en energía (petróleo, gas y electricidad) de alrededor de 2 puntos porcentuales del PBI. En valores actuales, unos 11.000/ 12.000 millones de dólares. Sin embargo, debido al retraso relativo y a la subinversión en estos años, durante la próxima década de una nueva política energética, el monto de inversión sectorial estimado debería elevarse a los 20.000 millones de dólares por año.

Parte de la inversión está vinculada a infraestructura que depende o dependerá de recursos públicos, pero la mayor parte es inversión privada o de la nueva YPF (exploración de nuevas cuencas, desarrollo y producción de petróleo y gas, refinación, nuevas centrales generadoras, nuevas ampliaciones de los sistemas de transporte y distribución, proyectos de energías alternativas). Toda esa inversión requiere horizontes de largo plazo. No se puede salir de este atolladero con políticas coyunturales.

La política de Estado propuesta por ocho exsecretarios de Energía en el primer documento de marzo del 2009, "Una Política de Estado para el Sector Energético Argentino", establece denominadores comunes en tres capítulos fundamentales: la necesidad de una estrategia de largo plazo para el sector; la necesidad de reglas y de instituciones que ofrezcan certidumbre, transparencia y previsibilidad; y la necesidad de precios que recuperen costos económicos con una tarifa social que atienda a los sectores más necesitados.

La disyuntiva de la nueva política energética para las próximas décadas no es Estado o mercado. Deben funcionar los mercados de la energía y debe estar presente el Estado, garantizando competencia, regulando las fallas y planificando estratégicamente el futuro. Si los consensos básicos alcanzados por exsecretarios de distintas administraciones de la democracia se aceptan y respetan como referencia de una política de Estado, las políticas energéticas de las administraciones de turno, en la alternancia democrática de las próximas dos décadas, podrán evitar los "barquinazos" que nos privan de continuidad y de futuro previsible. La energía entonces será clave para apuntalar el proyecto de desarrollo económico y social de la Argentina.

Para alcanzar estos acuerdos, los exsecretarios de la democracia privilegiamos la articulación de consensos futuros por encima de las diferencias que nos separaron en el pasado. La energía está entrampada en el corto plazo, y el presente crítico, pero había que buscar denominadores comunes de largo plazo que se tradujeran en políticas de Estado.

La alternativa al populismo energético vigente quedó plasmada en sendos documentos que fueron suscriptos a partir del 2009[114] y que dieron como fruto un documento de consenso sobre lineamientos de política energética futura firmado en el 2014 por los principales candidatos a las elecciones presidenciales del 2015 (Sergio Massa, Mauricio Macri, Ernesto Sanz, Margarita Stolbizer, Hermes Binner y Julio Cobos).

---

114   Todos estos documentos se pueden consultar y bajar de la página www.exsecretarios.com.ar

Transcribimos el documento por su valor referencial a los desafíos que impone a la Argentina que viene.

DECLARACIÓN DE COMPROMISO

Los abajo firmantes nos comprometemos a observar como marco de referencia para la elaboración de programas de gobierno en el área energética los siguientes puntos.

I. POLÍTICA DE ESTADO.
La política energética se concibe como una Política de Estado, se asume como estratégica, y debe ser accesible al conocimiento de cualquier ciudadano que tendrá el derecho a informarse sobre la operación, los objetivos, los planes y las obras del sector.

II. PLAN ESTRATÉGICO ORIENTATIVO.
Se establecerá un Plan Estratégico Orientativo de largo plazo, el que será refrendado por ley del Congreso Nacional. Entre sus preceptos deberá considerar criterios de eficiencia, diversificación, integración regional y desarrollo ambientalmente sustentable y preverá la revisión periódica de los objetivos y metas establecidos.

III. DIVERSIFICACIÓN DE LAS FUENTES PRIMARIAS DE ENERGÍA.
Se promoverá la reducción de la dependencia de recursos fósiles alentando la diversificación de las fuentes primarias de energía. Se alentará el desarrollo de programas específicos para la hidroelectricidad y la generación eólica. Para esa diversificación se promoverán inversiones privadas y asociaciones público-privadas para licitar obras donde la base de adjudicación sea la provisión de energía eléctrica al menor costo. Los fondos públicos disponibles se afectarán a energías que diversifiquen la oferta primaria o eléctrica y no sean susceptibles a esquemas de asociaciones público-privadas.

IV. OBJETIVOS PARA LA CONSTRUCCIÓN DE CENTRALES NUCLEARES.

Por ley especial del Congreso se determinarán los objetivos del Plan de Construcción de Centrales Nucleares en base a las necesidades energéticas proyectadas y a criterios técnicos, económicos y ambientales. Se promoverá el desarrollo de generación nucleoeléctrica a través de un programa que contemple: la actividad de la industria atómica y su tecnología, las últimas condiciones de seguridad a nivel mundial y las factibilidades económica y financiera.

V. BIOCOMBUSTIBLES.

Se promoverán programas destinados al desarrollo de los biocombustibles (biodiesel, etanol) para contribuir a sustituir importaciones de derivados petroleros y a la diversificación de la matriz energética

VI. EFICIENCIA ENERGÉTICA.

Se promoverán criterios de eficiencia energética para reducir la tasa de intensidad energética de la Argentina de sus actuales niveles superiores a la unidad (unidades de energía por unidad de producto) a la tasa promedio mundial actual de 0,7 en el curso de la próxima gestión de gobierno.

VII. ROLES DE LA NACIÓN Y LAS PROVINCIAS.

Se adecuarán y precisarán, conforme a los preceptos constitucionales, los roles de la Nación y las provincias en cuanto a regulaciones y competencias, Se normalizarán los Ente Reguladores transformándolos en organismos altamente profesionalizados.

VIII.MARCO JURÍDICO PARA LOS HIDROCARBUROS.

Se reformulará la estructura legal vigente en función de las nuevas realidades jurídicas institucionales y geológicas. Las leyes que surjan de ese nuevo ordenamiento, incluida una nueva ley de hidrocarburos, deberán contar con amplio consenso de las fuerzas políticas para que pueda ser aplicada en todo el territorio nacional. Esa nueva legislación deberá conciliar los intereses de las provincias y la Nación, facilitar el pleno desarrollo de los recursos del país y posibilitar la exploración en el Mar Argentino hasta el talud oceánico. También preverá la adecuación institucional para que el Estado pueda ejercer en forma adecuada su rol de fiscalización

IX. PROGRAMA DE EXPLORACIÓN PETROLERA.

Se promoverá un programa exploratorio de hidrocarburos que abarque tanto las cuencas sedimentarias convencionales como no convencionales recurriendo para ello a licitación pública internacional. Para los modelos contractuales se tomará en cuenta la experiencia internacional y los antecedentes exitosos de la región.

X. INTEGRACIÓN ENERGÉTICA REGIONAL.

Se promoverá una política de integración energética regional para conformar mercados regionales de gas natural y de electricidad que aprovechen la complementariedad de los recursos en la región y las conexiones físicas existentes. Dentro de esta política deberán priorizarse acuerdos con los respectivos socios regionales para la ejecución de las obras de Garabí y otras. También, se propiciarán nexos de cooperación y complementación con Brasil en materia nuclear para encarar una estrategia conjunta para esta fuente energética.

XI. GESTIÓN DE YPF.

Se impulsará la gestión autónoma de YPF, controlada por el Estado para que rija su plan de negocios por objetivos empresarios, privilegiando la exploración, el desarrollo y la explotación de las cuencas argentinas, de los recursos convencionales y no convencionales. La empresa mantendrá su capitalización bursátil en el mercado argentino e internacional y podrá establecer asociaciones estratégicas con empresas nacionales o internacionales a partir de contratos estándar consustanciados con las condiciones y lineamientos de la nueva política energética. La Gestión de YPF será auditada por la AGN sin perjuicio de otras auditorías que se realicen sobre la Empresa.

XII. PRECIOS Y TARIFAS.

Los precios y tarifas energéticas deberán retribuir los costos totales de los bienes y servicios que produce, asociados a estándares de calidad y confiabilidad preestablecidos. Se reducirán los subsidios presupuestarios a la energía, no justificados socialmente, con la meta de tener precios mayoristas únicos en los mercados de gas y de electricidad y con el objetivo de finalizar el período de transición definido con un set de precios y tarifas que reflejen costos económicos. Para aquellos usuarios vulnerables según indicadores socioeconómicos se establecerá una política de subsidios focalizados (tarifa social), que incluirá a los consumidores de gas licuado de petróleo (gas en garrafas).

XIII. DESARROLLO ENERGÉTICO SUSTENTABLE.

Se adoptarán normas de preservación ambiental aceptadas internacionalmente y que permiten un desarrollo sustentable de la energía. La exploración y explotación de los recursos fósiles no convencionales (shale gas/ shaleoil) será objeto de un régimen ambiental especial sancionado por ley del Congreso.

XIV. MEDIDAS DE URGENCIA Y TRANSICIÓN

1. Realización de una auditoría independiente de las reservas de hidrocarburos a cargo de empresa especializada seleccionada por concurso internacional
2. Implementación de un Plan de Normalización y puesta a punto del sistema eléctrico del área metropolitana a los efectos de resolver los graves problemas de suministro que tuvieron lugar en diciembre de 2013 y enero de 2014.
3. Replanteo del sistema actual de importaciones de productos energéticos, en particular el de gas natural como GNL, hoy con un suministro inseguro, caro y poco transparente

IV

Los desafíos de la YPF argentina y el potencial petrolero

- ¿Será esta YPF, empresa mixta con el 51% de las acciones bajo control estatal, la síntesis de un proceso dialéctico que nace en 1922 cuando Yacimientos Petrolíferos Fiscales se presenta en sociedad como una de las primeras petroleras estatales del mundo?

- ¿O será, en cambio, otro resabio de un populismo decadente que manipula el sentimiento nacional usando la empresa como pretexto de sus vaivenes cortoplacistas?

YPF fue empresa 100% del Estado Nacional desde su nacimiento hasta la privatización de los noventa. La YPF que la Administración Alfonsín le transfirió a la Administración Menem estaba organizada como sociedad del Estado. Producía el 70% del petróleo por sí y recibía de contratistas privados el 30% restante.

El decreto 2248/90 de la Administración menemista transformó la personalidad jurídica de YPF. De sociedad del Estado se convirtió en sociedad comercial. El Estado Nacional era dueño del 100% de las acciones. Durante la etapa de plenitud estatal, YPF tuvo logros exploratorios y productivos significativos y fue capturando casi todo el segmento de aguas arriba. Aguas abajo convivía con otros refinadores y comercializadores, como Shell y Esso.

Su rol de brazo ejecutor de la política petrolera nacional osciló en función del grado de autonomía que tuvo su gestión. Cuando ésta perdió autonomía y se politizó, YPF se transformó en un monopolio débil. La renta de su actividad se esfumaba entre precios políticos y costos inflados, y no había suficientes recursos para reponer reservas. El objetivo del autoabastecimiento se volvía inalcanzable, y esto comprometía la balanza de pagos del país.

Pocos gobiernos entendieron que había que asegurar autonomía de gestión a la petrolera estatal. Se acudió, en cambio, como complemento, al auxilio de capitales privados para que asistieran a YPF como contratistas para producir para ella. Sin autonomía de gestión, estas modalidades contractuales tampoco ayudaron al fortalecimiento empresario. Por prueba y error quedaba como transformación aconsejable para la YPF estatal el esquema seguido por Petrobras de Brasil: mantener el control estatal, vender parte de acciones de la compañía estatal en la bolsa y hacer que los contratistas asumieran el riesgo del negocio compitiendo con YPF en un entorno desregulado[115].

Pero la administración menemista sucumbió al prejuicio de que la petrolera estatal era una empresa deficitaria sin destino, de la que el Estado debía deshacerse. Hasta se discutió si se debía vender en parte o mantenerla como empresa integrada.

Su transformación en sociedad comercial habilitó el camino al reparto accionario y comprometió así a las provincias y al propio gremio en el proceso de privatización.

La ley 24.145 de Federalización de los Hidrocarburos y Privatización de YPF fue el instrumento que plasmó la transacción: 51% de las acciones quedaban en dominio del Estado Nacional, 39% para las provincias productoras y 10% para el personal. A su vez, en el mismo instrumento, provincias y nación se comprometían a vender en cuatro rondas parte de las acciones. El cronograma se precipitó, y,

---

115   Esto recién se terminó de llevar adelante en Brasil con la enmienda constitucional de 1998.

en julio de 1993, YPF colocó la mayor parte de su capital (58,5%) en el mercado de capitales. Pero el Estado Nacional preservaba todavía el 20,3% de las acciones, una masa crítica suficiente para controlar decisiones estratégicas y decidir la dirección de la empresa.

En 1998, empiezan las tratativas con Repsol. Se vende un 14,99%, y luego, el remanente, resignando derechos que otorgaba al Estado la tenencia de la acción de oro. Los españoles hacen entonces una oferta pública hostil por todo el paquete de la compañía. YPF muta en Repsol YPF. Bajo giro español, el otro hito en la estructura accionaria de la YPF privada se da cuando en el 2007 la actual Administración promueve el proceso de "argentinización". El grupo Eskenazi compra el 25,46% de la compañía, 15% al momento de la firma y el remanente más tarde. Las características de la operación (endeudamiento y pago con dividendos) fueron avaladas por el Gobierno. El grupo Eskenazi asume la dirección de la empresa con acuerdo de Repsol.

En estos 20 años de vida mixta y privada, todos diferencian dos períodos, aunque resistan la privatización. La YPF de la gestión Estenssoro, León y Monti, con *management* profesional y autonomía de gestión, marcó una etapa diferencial de la YPF española, "argentinización" incluida. Una todavía tenía sus controles estratégicos en la Argentina, la otra tenía sus mandos naturales afuera. Una acumuló reservas y exploró mucho más, la otra fue achicándose. Pero también hay que reconocer que la YPF privada adoleció de la falta de una estrategia de largo plazo que rigiera su nuevo destino. El proceso de privatización, en sus distintas etapas, estuvo regido más por necesidades financieras coyunturales que por un plan que articulara su rol a un proyecto de desarrollo. Al fundamentalismo de Estado le sucedió otra etapa de fundamentalismo de mercado. YPF terminó siendo otra víctima del desarrollo ausente[116].

---

116   La evolución del proceso de transformación y venta de la YPF estatal puede consultarse en Daniel Gustavo MONTAMAT, La energía argentina: otra víctima del desarrollo ausente. Buenos Aires. Editorial El Ateneo. 2007 pp. 119 y ss.

La YPF expropiada por el Estado (ley 26741) reaparece en una crisis sistémica del sector provocada por la política energética desplegada en todos estos años, en la que reglas, señales de precio y planificación quedaron entrampadas en el corto plazo.

- ¿Estaremos frente a la síntesis dialéctica de las otras etapas?
- ¿O estamos frente a un injerto posmoderno que naufragará en la nada?

El procedimiento por el cual se tomó el control de YPF se pareció a una confiscación arbitraria. Así lo advirtió el mundo inversor, y así lo planteó Repsol en tribunales arbitrales (CIADI) y en otros de España y Estados Unidos. El vicio procedimental y la falta de estrategia negociadora (se podría haber tomado el control de manera acordada con los españoles y sin pago indemnizatorio) nos salió muy cara. En el 2014 Repsol fue indemnizada por un monto en valor presente de esa época de 5.000 millones de dólares. Esa cifra se entregó en títulos de deuda que devengan intereses y cuyos servicios deberán afrontar las futuras administraciones.

El Gobierno acertó en nombrar una conducción técnica en la nueva YPF y en preservar la cotización de acciones de la empresa en las bolsas internacionales (asegura controles más serios y ajenos a la suspicacia interna). El Gobierno erró al someter a la nueva YPF a la política energética fallida de todos estos años.

El decreto que reglamentó la ley de "Soberanía Hidrocarburífera" (decreto 1277) profundizó la intervención discrecional. La ley de estatización 27.741 declaró de interés público y objetivo prioritario el logro del autoabastecimiento energético. Era una mochila muy pesada sobre la nueva empresa. La YPF que se expropió sólo producía alrededor del 30% del petróleo y el gas natural. Había un 70% de producción que dependía de otros actores. Mientras algunos solicitaban que se generalizaran las expropiaciones al resto de la industria, el Gobierno optó por permitir la expansión de la nueva YPF, que compró activos de otras compañías (Apache, yacimiento Puesto Hernández de Petrobras, etc) y buscó asociaciones estratégicas con empresas internacionales en sus áreas de concesión. De allí vino el contrato con Chevron y un nuevo régimen de concesiones especiales para la explotación de los recursos no convencionales. Ese nuevo régimen y la prórroga a perpetuidad de los derechos adquiridos en exploración y producción de áreas convencionales fueron los que motivaron el tratamiento y la aprobación de la Ley de Hidrocarburos (27.007) que reforma el régimen de la ley 17.319. Desde el 2013 la nueva conducción de YPF empezó a aumentar la inversión en producción. Duplicó la cantidad de equipos perforadores en actividad y, a partir del 2014, empezó a revertir la tendencia declinante de la producción de petróleo y gas. Para financiarla el Gobierno permitió alzas sistemáticas en los precios de los combustibles (superiores a la inflación en valores reales), le proveyó acceso privilegiado al mercado de crédito doméstico, y le dio acceso a recursos públicos. Además, premió su producción incremental con precios diferenciales y le permitió beneficiarse de importaciones desgravadas de combustibles.

Cuando los precios del petróleo comenzaron a bajar en el mundo, la intervención del mercado mantuvo precios domésticos por encima de los internacionales. YPF es la gran beneficiaria de este giro en la política de subsidios (ahora los consumidores subsidian a las petroleras), pero muchos recuerdan que también se benefician con esta política discrecional los accionistas privados de la petrolera controlada por el Estado.

En la estructura jurídica de la nueva YPF, se mantiene el giro comercial de una sociedad anónima con parte de acciones que cotizan en la bolsa local y parte en la internacional. .El 25,46% de acciones que pertenecía a la familia Eskenazi tiene nuevos dueños. Tan pronto como Repsol cobró su reclamo se deshizo del paquete accionario minoritario que le restaba. En el 49% del paquete accionario privado hoy predominan los inversionistas institucionales (fondos de pensión) La cotización de esas acciones de tenedores independientes, luego de la toma hostil por parte del Gobierno cayó por el suelo, pero sirvió como termómetro del grado de independencia de la nueva gestión. Hoy se ha recuperado junto a los resultados que ha ido exhibiendo la nueva gestión, pero subsisten las dudas a futuro.

- ¿Hasta cuándo sostendremos precios locales superiores a los internacionales?
- ¿Hasta cuándo la intervención pública podrá favorecer la gestión de YPF con acceso a recursos públicos?
- ¿Qué resultados exhibirá una YPF librada a una competencia nacional e internacional sin privilegios ni trabas en su gestión?
- ¿Cuánto se beneficiará de una nueva política energética y de un nuevo contexto macroeconómico?

Pero hay otros temas pendientes. La conformación de la estructura accionaria estatal también augura problemas. Del 51% expropiado, las provincias recibieron un 24% con el compromiso de ejercer sus derechos en forma unificada con el Estado Nacional por 50 años (pacto de sindicación). Las provincias están obligadas a operar en acuerdo con la Nación, pero cuando vengan las decisiones de inversión futura y la dirección quiera privilegiar opciones de gestión empresarial, el tironeo va a ser inevitable.

- ¿Inversión exploratoria en esta provincia o en otra?
- ¿Desarrollo de los recursos no convencionales o potenciación de los recursos convencionales?

Si la gestión se politiza, se seguirán inflando los costos y reaparecerán las presiones del conjunto del país para fijar precios políticos. Se resiente la inversión, la empresa puede dar pérdidas, deja de pagar impuestos y paga menos regalías.

Por último, y no menos importante, las dudas sobre la gestión futura de YPF van a trasladarse a la gestión del resto de los actores. Si la nueva YPF se vuelve más ministerio que empresa, las otras empresas van a reajustar su operación a una convivencia de creciente intervención discrecional. Esto implicará más corto plazo para todo el mundo y menos petróleo y gas de producción nacional para los argentinos.

Para despejar dudas sobre el destino de YPF y poner el caballo delante del carro en la recuperación del autoabastecimiento perdido hay cambiar la política energética. Esto es, pasar de la intervención discrecional a reglas que den previsibilidad de largo plazo; reemplazar los planes contingentes por una planificación estratégica para los próximos 20 años, y asumir los costos políticos de una recomposición gradual de precios y tarifas de gas y de electricidad a partir de los precios en boca de pozo del gas natural. La política energética debe cambiar para la nueva YPF y para todos los otros actores que producen el otro 60%

Si la política energética no cambia, si el petróleo y el gas siguen entrampados en el corto plazo, las empresas (sean estatales, privadas o mixtas) seguirán guiando su gestión con la lógica de sobreexplotar lo que está en producción y no arriesgar en la exploración o desarrollo intensivo de los hidrocarburos de alto costo (petróleo y gas de esquistos).

Para romper con la lógica de sobreexplotar lo que está en producción y empezar a recomponer el stock de reservas y la producción de petróleo y gas, la nueva política energética debe generar las condiciones para recuperar los niveles de inversión exploratoria que tuvo la Argentina en las dos décadas anteriores, además de aumentar la tasa de recuperación en los yacimientos en operación (*enhanced oil recovery*), y permitir las cuantiosas inversiones que requiere el desarrollo de los recursos no convencionales.

Un plan petrolero con objetivos de corto, mediano y largo plazo destinado a las empresas que hoy operan en la Argentina y a otros potenciales inversores del mundo debería incluir los siguientes capítulos:

1) Plan de recuperación de reservas en los yacimientos en producción (inyección de fluidos habitualmente no presentes en el reservorio para aumentar la tasa de recuperación de reservas in situ). Resultados productivos a dos o tres años.

2) Recupero de áreas exploratorias en las provincias donde no se cumplieron los compromisos de inversión. Nuevas licitaciones que aseguren transparencia y presencia de ac-

tores que garanticen solvencia técnica y capacidad financiera. Resultados exploratorios/productivos a 5 años vista.

3) Plan exploratorio para la plataforma continental argentina. Mecanismos de previsibilidad tributaria y de distribución de la renta siguiendo experiencias comparadas. Resultados exploratorios/productivos a 10/12 años vista.

4) Convocatoria internacional para asociarse a YPF en el desarrollo de los yacimientos de petróleo y gas de esquistos (*shale oil y shale gas*). Resultados productivos a 5/6 años vista.

5) Plan exploratorio para las cuencas de alto riesgo *on shore* consensuado entre Nación y Provincias. Incentivos basados en experiencia comparada de la región. Resultados a 8/10 años vista.

No más "bombillas" en el mismo mate. Con otra política petrolera la Argentina puede volver a cargar el "termo" y recuperar el autoabastecimiento que perdió en esta nueva etapa de populismo energético..

La nueva YPF, en otro contexto de política económica y sectorial, con autonomía de gestión y proyección internacional, debe erigirse en un agente fundamental del cambio.

Epílogo:
Rumbo al desarrollo económico y social

Anatole France cuenta que cuando tenía diez años su profesor de gramática les leyó en clase la fábula de "El hombre y el genio", que marcó el resto de su vida. Un genio dio a un niño un ovillo de hilo y le dijo: "Este hilo es el de tu existencia. Tómalo. Cuando quieras que el tiempo corra para ti, tira del hilo. Tus días pasarán rápidos o lentos, según te apresures a desliarlo. Mientras no lo toques permanecerás en la misma hora de tu vida". El niño tomó el ovillo; fue tirando del hilo, primero, para llegar rápido a hombre; después, para apresurar la boda con su novia; y luego, para ver crecer a sus hijos, para conseguir empleo, ganancias y honores, para evitar preocupaciones, disgustos y las enfermedades propias de la edad; por fin, para poner término a una vejez inoportuna. Desde la visita del genio, había vivido cuatro meses y seis días.[117] En la vorágine de la lucha por el poder en la Argentina, todos tiran de la cuerda para convertir el futuro en presente inmediato, sin darnos la oportunidad de converger en el presente en aquellos consensos básicos que nos permitan imaginar y planificar un proyecto argentino de metas y realizaciones futuras. Todo se sacrifica en el altar del poder presente.

---

117   Anatole FRANCE, *El Jardín de Epicuro*, Buenos Aires, Compañía General Fabril Editora, 1961, p. 19.

El oficialismo, al fin de su mandato, sin oportunidad de re-reelección, extremando su transgresión institucional con ataques sistemáticos a la Justicia, imaginando que puede perder el gobierno pero nunca el poder, y que eso le garantiza impunidad. La oposición, en minoría en ambas Cámaras legislativas, apurando las agujas del reloj para tratar de mensurar el estropicio del que deberá hacerse cargo.

La economía en terapia, con el viejo cataplasma populista de frenar un poco la inflación con retraso cambiario y estimular el consumo con gasto público. Mientras tanto se comprometen reservas y se ceba la bomba cambiaria.

Si se pudiera tirar de la cuerda para ver la foto del 11 de diciembre, todo cerraría para los continuistas del poder presente.

Hemos destacado que en todas las sociedades la cultura líquida ha potenciado la gratificación del presente, pero también hemos insistido en que algunas sociedades como la nuestra se han hecho más esclavas de la inmediatez y el corto plazo. Tal vez porque entre nosotros la política ha perdido una parte sustancial de su capacidad mediadora como consecuencia de los quiebres institucionales, el debilitamiento de los partidos políticos, o el sesgo a la convalidación de un partido hegemónico. El sistema político debe mediar, privilegiando el interés general, en la puja de intereses presentes; pero también está llamado a mediar en la puja de intereses temporales entre las urgencias del presente y las demandas del futuro. Hay que reconocer que hasta ahora la democracia recuperada ha sido incapaz de reducir la brecha entre la "constitución formal" y la real (incluidas las reformas del 94). En las formas nos declaramos democracia representativa, republicana y federal; en la práctica hemos ido degradando esa institucionalidad para reemplazarla por otra que abreva en una democracia delegativa, caudillesca y unitaria. Ese divorcio, además de estimular una anomia que tiene entre nosotros características idiosincráticas[118],

118   Citado en ARGENTINA: una sociedad anómica. HERNÁNDEZ, Antonio María; ZOVATO, Daniel y MORA Y ARUAJO, Manuel. Universidad Nacional Autónoma de México. Asociación Argentina de Derecho Constitucional. México. 2005, ps. 16 y ss.

profundiza nuestra esquizofrenia institucional. Tenemos instituciones formales débiles incapaces de establecer transacciones entre el presente y el futuro. La informalidad transgresora aprovecha esta debilidad, elevando los costos de transacción y facilitando negocios a la corrupción. Hemos destruido varios signos monetarios en la historia reciente, pero la incapacidad de no asumir la moneda como una institución nos ha llevado a convivir varios años con inflación de dos dígitos y a aceptar que la institución oficial encargada de las estadísticas distorsione la medición sin consecuencias. Tampoco hay reacción institucional disuasiva frente a la descapitalización de las arcas jubilatorias, el vaciamiento del Banco Central o la virtual quiebra del sistema eléctrico. En Brasil, con una inflación anual de un dígito, un gobierno que recientemente fue convalidado en las urnas, se ve obligado por imperativo social e institucional a encarar un plan para reducir el alza sostenida en el nivel general de precios. ¿Admitiría la sociedad brasilera un índice trucho de medición? ¿Por cuánto tiempo? En Chile sería inimaginable que el sistema político malversara el destino de los fondos de pensión. En cualquiera de nuestros vecinos de frontera habría mayores problemas para manipular la institución monetaria o para transformar a empresas prestadoras de servicios públicos en meras pantallas de una intervención discrecional y cortoplacista.

Aunque la mayoría de los candidatos a suceder a Cristina Kirchner lucen como moderados, el poder en estos años se ha planteado en lógica amigo-enemigo y como un fin en sí mismo. Lucha por perpetuarse en el poder o batalla por la sucesión en el poder; ya casi no se habla de confrontación por la alternancia en el poder. La falta de apego institucional de la "democracia delegativa" que los argentinos supimos conseguir ha convertido al poder en medio y fin. Hemos explicado que hay una suerte de estrategia camuflada en la suma de movimientos tácticos de los neopopulismos: la adicción al poder. La estrategia es la eternidad del poder, no sólo para las huestes del oficialismo gobernante, sino también para muchos que aspiran a sucederlo.

Mientras tanto, el tiempo también corre para las oportunidades que la Argentina desaprovecha entrampada en el corto plazo e indulgente con las transgresiones institucionales, con un proyecto de desarrollo pendiente, con lacras sociales sin resolver y con desigualdades que crecen en la medida que el ascensor social de la educación igualadora de oportunidades funciona mal. En fin, perdiendo relevancia en el concierto de las naciones y resignando una estrategia de inserción que rescate nuestras muchas ventajas relativas. Cuando el reloj del tiempo de vida de la Argentina adelanta o atrasa en función del instante de poder, los grandes temas que dependen de marcos institucionales previsibles, alternancia, diálogo, consenso, largo plazo y políticas de Estado, quedan definitivamente postergados.

Por eso hemos sostenido que la nueva divisoria de aguas en la política del siglo XXI debe separar y distinguir los liderazgos y los proyectos entrampados en el corto plazo, para los que el poder es un fin en sí mismo, de los liderazgos y las políticas públicas de largo plazo, consustanciados con la alternancia y la previsibilidad institucional, en los que el poder es un medio para la realización individual y colectiva de un proyecto argentino de desarrollo económico y social. Los primeros han llevado adelante políticas que hemos caracterizado como populistas y posmodernas, por derecha y por izquierda. También hemos reconocido y tratado de explicar desde el punto de vista sociológico el auge de esas políticas no sólo en la Argentina, sino también en el mundo; y hemos destacado las significativas cosechas de votos que tuvieron por doquier.

La alternancia y el proyecto alternativo, subrayamos, deben asumir los desafíos del presente a partir de un análisis fundado en la razón moderna; pero una razón crítica sensibilizada por los valores del constitucionalismo y el Estado de Derecho, y por los ideales del progreso y la justicia social. **El proyecto alternativo es la República y el desarrollo**. Como proyecto verdaderamente progresista y moderno reivindica, a diferencia de los populistas líquidos, el largo plazo, las políticas de Estado, el futuro posible, la democracia participativa y los consensos transversales. Es superador de los alineamientos tradicionales en derecha e izquierda. Hay una petición de principios no falaz en esta reivindicación del largo plazo: importan el corto plazo y los problemas urgentes que agobian a la sociedad, pero se parte del presupuesto de que para darles solución integral no se pueden usar nuevos atajos cortoplacistas.

Tanto sumar táctica y corto plazo, en la Argentina y en el mundo, estamos enfrentados a problemas que requieren soluciones de largo plazo. O la solución asume el presente en función de logros de corto, de mediano y de largo plazo, o no hay solución.

Los neopopulismos con su retórica del "pueblo" y el "antipueblo", con sus amistades y sus enemigos de ocasión, y con su caleidoscopio de sensaciones, usaron y abusaron de todos los atajos y las respuestas efímeras. Hemos repetido a lo largo de estas páginas que la crisis global y la crisis recurrente de la Argentina en que vivimos es la consecuencia del menú populista aggiornado a la cultura líquida. Un menú de tenedor libre donde convergen los enemigos de la razón y los activistas de la razón dogmática. El relato como realidad y las consecuentes rectificaciones oportunistas facilitan la convivencia.

Frente a la crisis, el populismo posmoderno busca travestirse; si fracasó por izquierda, con la máscara de un falso progresismo, intentará su continuidad por derecha, con fachada conservadora y fuegos de artificios "neoliberales". Si fracasó por derecha, usará consignas de izquierda. ¿No termina el Ex Presidente Menen siendo funcional al populismo K, como lo fueron los K con su populismo en los noventa? Hay que prevenir a la sociedad de los nuevos cantos de sirena del populismo travestido y de sus nupcias de ocasión con los militantes de la razón autoritaria.

La economía global tiene problemas serios: demográficos, sociales y de recursos materiales y ambientales. El patrón del crecimiento de la economía global, indiferente a esa problemática, no es sostenible. Es necesario reformar las instituciones responsables de la gobernanza mundial, y todo esto requiere más diálogo y nuevos compromisos y consensos regidos por criterios de justicia intergeneracional, de largo plazo.

La Argentina también tiene problemas serios. Uno de ellos, la pérdida de influencia relativa en el concierto de las naciones. Está llamada a recuperar un liderazgo y a reinsertarse estratégicamente en el mundo a partir de la región. Hoy, subestimada por sus caprichos, desplantes y espasmos de cambio de humor en sus relaciones internacionales, debe recuperar prestigio para interactuar estratégicamente y poder participar de los debates, las decisiones y los consensos del nuevo orden internacional. Hay que volver a revalorizar la región como nueva escala del mercado doméstico, pensando en los mercados internacionales. El Brasil es un socio estratégico, y hay que relanzar la integración económica regional vertebrando la geografía con infraestructura, transporte y telecomunicaciones. Con el Brasil y los socios del Mercosur, hay que negociar y acordar una estrategia de inserción comercial de largo plazo con la China, la India y otras potencias emergentes. No se puede negociar desde la soledad, la asimetría y la urgencia como lo hemos hecho en los recientes acuerdos con China y Rusia.[119]

Postulamos que hay que convertir la proteína vegetal, que abunda en la región, en proteína animal y biocombustibles, como primera etapa. Después hay que llegar a través de las cadenas de valor global a las "góndolas de Shangai", con producción diversificada y más valor agregado. Pero insistimos, no más solos, sino como región integrada, en función de intereses consensuados comunes. También hemos postulado que con Estados Unidos y Europa hay que negociar desde una plataforma regional seguridad energética. Inversiones, tecnología y acceso a los mercados por excedentes energéticos de largo plazo.

El relanzamiento internacional de la Argentina es un capítulo liminar en el proyecto alternativo de la República y el desarrollo.

En lo económico y en lo social, lo prioritario es erradicar la pobreza

---

119   Daniel MONTAMAT. Los acuerdos hipotecan el futuro energético. Clarín 5-02-15

con metas y objetivos cuantificables. El gasto social tendrá importancia excluyente en el logro de este objetivo y orientará la reasignación de recursos presupuestarios que, según subrayamos, deberán asegurar excedentes para evitar la reincidencia en las políticas de apreciación cambiaria.

Es imprescindible recrear la mística en torno a la calidad educativa en todos los niveles de la enseñanza argentina. En el proyecto alternativa se debe volver a dar transparencia y publicidad a toda información que permita evaluar la calidad de la enseñanza en los establecimientos públicos y privados. Siguiendo la experiencia comparada regional, se debe establecer la obligatoriedad de los exámenes de ingreso y de egreso en los ciclos de educación media y superior. El plan educativo es otro capítulo fundacional de los consensos del proyecto alternativo.

Hemos insistido en la necesidad económica de un tipo de cambio competitivo que se irá apreciando por el crecimiento sistemático de la productividad global. También esbozamos una interrelación de ese tipo de cambio competitivo con una macro sólida y consistente en la que la inflación anual no supere el 5%. Para eso es necesario volver al círculo virtuoso de los superávits gemelos, en las cuentas externas y en las cuentas públicas. Con el excedente fiscal de pesos, hay que comprar los dólares del excedente comercial y constituir un fondo contracíclico que con el tiempo pueda operar como fondo soberano argentino. El fondo soberano contribuirá a la solvencia intertemporal de las cuentas públicas y facilitará la radicación de capitales argentinos en las cadenas de valor global.

La solvencia intertemporal permitirá recuperar a la autoridad monetaria su rol de custodio del valor de la moneda y de garante de su apreciación relativa en referencia a otras monedas a través del proceso de crecimiento sostenido de la productividad global. Sobre estas bases, se recuperará el acceso al crédito internacional, y podrá canalizarse el ahorro argentino al financiamiento de largo plazo de la inversión productiva.

El proyecto alternativo abreva en las variantes de organización económica capitalista que han tenido éxito para alcanzar los umbrales del desarrollo económico y social. Los consensos deberán privilegiar reglas e instituciones generales que promuevan la transparencia y la competencia para acceder a las oportunidades de negocio y que desarticulen los intereses creados del capitalismo oligárquico y cortesano: capitalismo de amigos en versión *light*.

Información, incentivos, inversión e *innovación* son los ingredientes que retroalimentan un proceso decisorio clave en la generación de riqueza, de productividad, de trabajo y de cohesión social. Están presentes en todas las variantes de capitalismo "bueno". Los programas económicos modernos de izquierda y de derecha se cuidan de inhibir este circuito. En cambio, nunca entendieron este circuito los planificadores centrales al estilo soviético ni los improvisadores populistas del capitalismo corporativo.

Hoy el INDEC nos desinforma. Quiere hacernos creer que la inflación es la mitad de la que experimenta el bolsillo promedio de los argentinos y que los pobres que vemos a diestra y a siniestra tampoco son demasiados. La información viciada del INDEC contamina todo el sistema económico y contribuye a desarreglar más el sistema de incentivos, ya distorsionado por los controles de precios y por el festival de subsidios. Con esas señales e incentivos:

☐   ¿Dónde invertir?

En un extremo, lo más lejos que se pueda de la discrecionalidad del Gobierno; y, en el otro, donde señale el Gobierno bajo el estímulo de tratos especiales. Como la discrecionalidad rompió las compuertas e inundó todo, la inversión privada se redujo en cantidad y, sobre todo, en calidad, y la inversión pública debe sustituirla hasta donde puede, con el riesgo de llegar tarde y mal y de ser insuficiente. La tasa de inversión actual es insuficiente para sostener tasas de crecimiento del 5% del producto, y el proceso de inversión tiene mucho de arbitrario y de orientación rentística como para promover la innovación. La innovación, producto del conocimiento y de la tecnología, es la única que apuntala la productividad total de los factores en el largo plazo; y las ganancias de productividad son las únicas que pueden asegurar empleos calificados y salarios dignos.

Como se ve, empezando por información viciada y distorsiones de precios, el circuito termina paralizando la inversión y la capacidad de innovar.

Una economía "normal" genera información sobre las preferencias de los consumidores, así como soluciones a la producción. Tal información, que se manifiesta en forma de precios y decisiones de compra, se transmite de tal modo que en ese momento se crea un incentivo y se organizan los medios para corresponder esa señal.

Mi gasto en pesos al realizar una compra se convierte para el proveedor en el medio de cubrir el costo de ofrecer el bien y obtener un beneficio. Si el beneficio es desmedido, puede que esté abusando de una posición monopólica o de una asimetría informativa, pero la corrección de esta falla requiere controles basados en más y mejor información. La información y el incentivo de rentabilidad orientan la inversión, además de financiarla; con el tiempo y con el acompañamiento de políticas que vertebren educación, tecnología y producción, también estimulan, guían y seleccionan las innovaciones que mejor satisfacen los deseos de los consumidores internos y externos. Por supuesto, el esquema idealizado constituye una simplificación de una realidad llena de imperfecciones, abusos e ineficiencias, y de algunos problemas, como las "externalidades", que pueden pasar inadvertidas por completo. Pero las políticas correctivas, incluidos los mecanismos necesarios para redistribuir ingreso e igualar oportunidades, nunca deben operar como inhibidores del circuito de las cuatro íes: información, incentivo, inversión e innovación. Si lo hacen, terminan gestando las causas de un futuro colapso económico.

La Unión Soviética intentó durante décadas organizar la economía sustituyendo el circuito información-incentivos-inversión-innovación por el plan central y las unidades de producción. Durante algunos años, las tasas de crecimiento de las asignaciones planificadas de recursos y el camino forzado a la industrialización sedujeron a algunos y engañaron a muchos. Se puede conceder que la economía soviética fue eficaz para dirigir esfuerzos físicos descomunales en pos de objetivos prefijados para ser alcanzados, pero la economía del mandato fracasó frente a los problemas del cambio y la innovación a largo plazo. Cuando el coloso mostró sus pies de barro e implosionó, los resultados del síndrome de las cuatro íes quedaron estereotipados en aquella chanza descriptiva del desengaño de la planificación centralizada: "Ellos fingen que nos pagan; y nosotros simulamos trabajar". Nada más alejado de un sistema eficiente de incentivos.

Ni qué hablar del populismo que entrampa todo en el corto plazo y usa el circuito información-incentivos-inversión-innovación de acuerdo con metas mutantes y efímeras en las que priman la arbitrariedad y el favoritismo detrás de objetivos de un poder concentrado, autocrático y consustanciado con un estrecho núcleo de intereses dominantes.

La organización económica se vuelve rentista y cada vez más desigualitaria. El populismo posmoderno también alimenta las causas de su propio fracaso.

Para rehabilitar el circuito de una reorganización económica exitosa, empecemos por volver a tener información económica y social confiable. La sociedad y la clase dirigente en su conjunto reclaman un nuevo instituto de estadística oficial. Ya no sirven los parches ni las promesas. La mentira oficial no puede quedar institucionalizada. Allí hay que dar una señal de largada contundente.

Habrá también que remontar las distorsiones de precios de la economía porque, de lo contrario, todos los incentivos operan mal.

- ¿Por qué en todos estos años de petróleo caro y de fuerte dependencia de la energía fósil no se invirtió en proyectos de energía alternativa?

Porque por controles y retenciones tuvimos "pisados" los precios de la energía fósil. La demanda, entonces, consumía más energía fósil; y a los inversores no les cerraban las cuentas para ofrecer energía alternativa. Con petróleo caro tampoco hicimos más exploración ni avanzamos en la explotación de los recursos no convencionales. Y ahora que el petróleo ha bajado en el mundo sostenemos precios internos más caros que los internacionales.

- ¿Somos conscientes del engaño de la política de subsidios con los que el populismo quiere hacernos creer que pagamos la luz y el gas menos que nuestros vecinos?

En efecto muchos hogares pagan una tarifa de gas y electricidad por un bimestre de servicio lo que cuesta un solo café en un bar porteño. No hay magia en semejante distorsión. En el 2014 la demanda total pagó por el gas una factura de 4.000 millones de dólares, pero la oferta recibió 10.000 millones de dólares. La demanda de electrones pagó alrededor de 2.000 millones de dólares, pero la oferta de generación de esos electrones fue también de alrededor de 10.000 millones. Los 6.000 y 8.000 millones de dólares de diferencia no fueron un regalo del Gobierno a los consumidores, fueron subsidios que pagamos todos con el impuesto más regresivo: la emisión inflacionaria. El engaño de la energía barata, tiene como contracara una inflación que hace cada vez más cara la canasta de otros bienes como la leche, el pan, los alimentos en general, la salud, etc. A su vez, todas estas distorsiones se traducen en un servicio de menor calidad, porque el populismo llega tarde con las inversiones que las empresas prestadoras del servicio ya no pueden hacer.

- ¿Por qué desde el atril se despotricó una y otra vez contra el "yuyo" maldito, y, sin embargo, somos cada vez más sojadependientes?

Por los incentivos que genera el sistema de precios, por las retenciones y los permisos de exportación que rigen el sector. La soja, gravada con altas retenciones, no está sin embargo sometida a otras restricciones de exportación de otros granos como el trigo, que forman parte de la "mesa de los argentinos"

- ¿Por qué nos hemos consumido el 50% del stock de reservas probadas de gas natural y ahora tenemos que importar el 20% del consumo?

Porque el congelamiento de precios y tarifas y los redireccionamientos de la oferta hacia determinados consumos privilegiados políticamente incentivaron a los productores a sobreexplotar lo que estaba en producción y a hacer mínima exploración para reponer reservas.

• ¿Son perversos?

No, deciden su inversión guiados por las señales de precios distorsionados y por los incentivos que estos traducen junto a la incertidumbre de reglas y de estrategia de largo plazo.

La inversión bruta de la última década promedió tasas de un 19% del producto. Las tasas ocultan que hay mucha inversión pública que está sustituyendo inversión privada. Pero las cifras también ocultan la eficiencia con la que se asigna la inversión, como consecuencia de los problemas de información y de incentivos (además de los premios y castigos políticos). Si a un bajo nivel de inversión le adicionamos un bajo nivel de calidad, condenamos el aparato productivo al estancamiento, y al conjunto de la sociedad a un deterioro sistemático del nivel de vida.

La cadena de valor agropecuaria fue ejemplo de innovación hasta que el síndrome que nos afecta la estancó.

Combinando tecnologías blandas y duras, duplicó la producción en 10 años: de 50 a 100 millones de toneladas de granos. Hoy nuestros chacareros deberían estar investigando con el apoyo de las políticas públicas un nuevo escalón de productividad. La información externa y los incentivos de afuera constituyen sendos estímulos para invertir e innovar. Pero la economía populista se da de bruces con las cuatro íes. Llegó el tiempo de sustituirla por una estrategia de desarrollo económico y social.

• ¿Es posible consensuar las bases de un proyecto alternativo al del populismo posmoderno?

El antepenúltimo capítulo lo dedicamos a repasar la experiencia concreta de los ocho exsecretarios de Energía de distintas administraciones de la democracia en la búsqueda de acuerdos que se tradujeron en una propuesta de política de Estado para superar la crisis del sector. Pero no hay salida a ninguna crisis sectorial mientras la Argentina siga siendo rehén del corto plazo populista.

Hay dos actitudes que conspiran en contra de los acuerdos que se requieren para erigir un proyecto alternativo en una opción mayoritaria: la actitud autoritaria y la actitud escéptica.

En las monarquías absolutas, donde el soberano se jactaba que "L'Etat se moi" (El Estado soy yo), la continuidad de una política pública estaba asociada a la continuidad indefinida y personalista de su reinado. Hay muchos autoritarios en la Argentina de hoy que siguen pensando en esos términos. Para que la política de gobierno tenga continuidad en el tiempo, hay que perpetuarse en el poder con reelecciones indefinidas o alternancias familiares. Es uno de los puntos de confluencia de los populistas posmodernos y los modernos autoritarios. Lo único que perpetúa esa concepción del poder es una política de gobierno que debilita las instituciones y reniega de los consensos, una política de gobierno que transforma el proyecto de país en un proyecto personal, caudillesco.

Hay otros que desconfían de los acuerdos porque creen que la democracia, con los sucesivos turnos electorales, hace imposible la articulación de consensos en torno a políticas de largo plazo. Se han resignado a la política del presente y, aunque razonen como modernos, piensan que un proyecto de largo plazo y las consecuentes políticas de Estado, aunque deseables, son una quimera. Esta visión también prescinde del diálogo y termina siendo funcional al corto plazo y al populismo.

Frente al autoritarismo de unos y al escepticismo de los otros, empieza a crecer la demanda de cambio en una sociedad que intuye un nuevo naufragio y que busca romper las cadenas con una ideología que la tiene esclavizada a un eterno presente de discursos exculpatorios y sensaciones efímeras. Una sociedad que necesita recuperar su confianza en el futuro y que puede dar con su voto una oportunidad a quienes la convoquen a sumarse a un proyecto alternativo, que sobre los cimientos de la República y el desarrollo, encarne los grandes consensos para el largo plazo argentino.

La tarea prioritaria de la nueva administración de Gobierno es reconciliar a la Argentina con el futuro. Primero con liderazgos políticos y sociales alternativos que eviten la trampa del cortoplacismo. Luego trabajando en las transformaciones institucionales que restablezcan consensos básicos y reduzcan la brecha entre la Constitución formal y la real. Es cierto que los cambios culturales pueden llevar generaciones; pero los puntos de inflexión institucional que los precipitan pueden exhibir resultados tangibles en corto tiempo. Los acuerdos básicos que devuelvan a propios y a extraños certidumbre sobre la alternancia republicana en el poder, y la explicitación de políticas de largo plazo como parte de un proyecto de desarrollo inclusivo retroalimentan expectativas sociales de futuro y recuperan la capacidad de mediación de la política en las pujas corporativas y en las intertemporales. Se trata de reinstitucionalizar la gobernabilidad del país. El futuro está abierto, y si la política lo pone en valor para todos los argentinos, puede ser mucho mejor que el presente.

www.ingramcontent.com/pod-product-compliance
Lightning Source LLC
Chambersburg PA
CBHW082356270326
41935CB00013B/1637